中村竹四郎著

新編

星岡随筆

装幀　和田三造

或る一ト時代の星岡茶寮のような好もしい料亭というものを私は前後に知らない。あれは割烹とか料亭などというものではなく、風雅を解する忙客の為にある現代の閑愛園のようなものだった。魯山人、秦秀雄、林柾木氏などといった人々が厨房のことから客亭の細部にまで心くばりをしており、中村竹四郎氏がそれを主宰していた。そして趣味誌「星岡」を出していた。今ではなつかしいおもい出である。(1)

「忘れえぬ竹四郎氏」吉川英治

中村竹四郎（1869～1960）　　　撮影：ハール・フェレンツ

はじめに

本書は、魯山人とともに星岡茶寮を経営した中村竹四郎が、月刊雑誌『星岡』に寄稿した文章を一冊にまとめたものである。

昭和五年から十六年まで刊行された『星岡』は、会員制である星岡茶寮の会員向けに発行された一種の機関誌であったが、発刊からほどなく一般にも頒布を開始し、最大で六千部の発行部数に至った。戦況激しさを増す中、当局の統制によって廃刊やむなしとなるまで、十一年間にわたり百三十号を刊行した。一号から二十一号まではタブロイド判であったが、次号より四六倍判の冊子形状となっている。二十三号からは便利堂特製の原色版によるカラー口絵を付した豪華版となった。

創刊号の冒頭に魯山人が「芸術、風流が語りたいには違いないのだ」と記したように、『星岡』は「茶、美食、書画、陶磁等趣味生活人のための趣味の雑誌」(2)を標榜し、編集担当の秦秀雄は「記者は本誌を魯山人氏の個人雑誌とするものではない。あくまで趣味界の公器として趣味人のよき指南者でありたい」(3)としたが、やはり、いいも悪いも魯山人のさまざまな芸術的創造力の発露を託した発信媒体であったことは否めない。

確かに、前半の『星岡』は魯山人の個人雑誌的要素が多分にあるものであり、星岡茶寮は彼の才能を開花させた独壇場であったであろう。しかし、『星岡』も星岡茶寮も、魯山人が昭和十一年に茶寮を去った後も、戦争で不本意に中断されるまで、本質的に変わらない確かなアイデンティティーを持って継続されたのである。その理由の一端が、竹四郎の寄稿文を通してご理解いただけるのではないかというのが本書の刊行趣旨である。

共同経営者である魯山人と竹四郎は、その役割分担が前者は「料理顧問」、後者は「経営」として図式的に語られることが多い。魯山人が星岡を去った事情は巻末の解題に譲るが、ここで確認しておきたいのは、ひとつは竹四郎が魯山人の美的感性に影響を受けた、紛れもないその共有者であったということ。いまひとつは、その共有者として影響を受けながらも独自の感性を養い、単に役割分担としての「経営」担当にとどまらない、星岡の美と食とそのありように、彼なりの美的感性と信念をもって深く関わっていたということである。

前者については、本書収録「美食倶楽部以前」に、魯山人との邂逅から「北大路君かぶれ」を経て、大雅堂美術店を共同で開くまでの詳細が記されているので参照されたい。後者についての一例は、本文冒頭に収録した「からみ大根」であろう。旅好きであった竹四郎はこうしたさまざまな食材を自ら現地に尋ね、吟味し、自身の判断で茶寮に仕入れを行っていた。

こうした営みの中から紡ぎだされた氏の美食論は仕事論となり、また紀行文となり人生哲学になる。

最後に、残念ながら竹四郎が『星岡』に文章として寄せなかったものの、その本質がよくわかる彼の「さしみ論」をご紹介して本書の導入としたい。京都博物館（現 京都国立博物館）時代に竹四郎と知り合い、のちに大阪市立美術館館長をされた望月信成氏の文章を引用させていただく。

竹四郎氏に私が初めてお会いしたのは田中伝三郎氏（編註：便利堂三代目。竹四郎の兄）と一緒に東京の山王台の星岡茶寮であったと記憶する。その頃茶寮には北大路魯山人氏もおられ、台所のガラス張りの部屋で、板場が料理をつくるのを見ながら、四人で芸術の話をした。竹四郎氏に対してのその時の印象は磊落豪放でありながら、細かい味のわかる繊細な神経の持ち主であると感心をした。（中略）氏はある日「料理で一番むつかしく、一番うまいのはさしみである」と「さしみ論」を一席試みたことがあったが、私はその論旨の徹底しているのに実に驚いた。美術印刷もこのさしみのように一見平凡に見える作品が一番むつかしいし、それが技術のよさの見せ所であると語っていた。そして「まぐろには京都の鷹ヶ峯あたりでできる大根おろしをあしらうのが一番うまい。あの大根は地味のせいか、普通の大根とわさびとの中間のようなからさを持っているからだ」と説き、やがて鯛のさしみは鯛を取ってから何時間ぐらいすぎた時が一番うまいとか、たれは何処の醤油をつけるべきだとか、こまかい神経を吐露してくれたが、氏は理論ばかりでなくそれを実際に実行していたのであるから鬼に金棒であったのだ。(4)

令和二年十二月十日

中村竹四郎生誕一三〇年・没後六〇年
ならびに大阪星岡茶寮の開寮八十五年を記念して

九代目便利堂主人

編輯付記

・本書は、『星岡随筆』（秦秀雄と共著、新英社、昭和十一年、装幀・和田三造）を原著とし、この初版刊行後に竹四郎が『星岡』に寄せた文を増補して、氏の文章だけで一冊にまとめたものである。装幀は、この初版を踏襲、翻案した。
・各稿は、初出である『星岡』各号を底本とした。
・原文の味わいを壊さない程度に、適宜編輯で新字新仮名表記、漢字の閉じ開きや統一、ならびに本則に準じた送り仮名に改めた。また著者の慣用により使用した思われる表記は、一部そのままとした。明らかな誤字・脱字は訂正した。
・収録順は初出順とし、編輯で『星岡』の歴史的区別を勘案しながら四つの章を立て、配列した。章タイトルは、本稿タイトルから選んだ。初出の詳細は、巻末「初出一覧」を参照されたい。
・底本に挿図とされたものはすべて図版として掲載した。
・各稿文末に註ならびに参考文章を適宜付した。また、参考図版を挿入する場合は、図版を罫囲みをとした。
・今日の人権意識に照らして差別語および差別表現と思われる言葉があるが、本作品が描かれた時代背景や著者が故人であることを考慮し、発表時のままとした。
・巻末には、本文各稿以外の文章についての註ならびに本書の参考文献を記した。

新編 星岡随筆

目次

食味雑記

炉辺漫談

食味閑談

からみ大根

からみ大根(1)は大根と言っても、見かけは小蕪のような相をしています。京都で往年光悦が住んでいたという、光悦寺で名高い鷹ヶ峯の特産です。

粗い山葵おろしですってみても、分子がこまかく辛いうちは風味があって、まあ大根おろしとしては第一等の品に違いありません。しかしほんのわずかの土地以外しか採れないのです。種を鷹ヶ峯以外に持ち出しても、辛くもなく風味も抜けるといった始末なんです。鷹ヶ峯でも赤土の所だけに限られて作られるもので、ちょっと手に入れがたい厄介な大根です。

実は星岡茶寮の新築普請中にもその土地の人が来ていたのでなんとか手に入らんものかと探しもし、尋ねてもみたのですが駄目でした。北山あたりの今の人は滑稽なことに、からみ大根の名さえ知らないのにはあきれてしまいました。それでまあ多用にまぎれて、長い間欲しいと思いつつ念願が果たせなかったのです。

◇

ところがこの春京都に参りました際、京大の図書館の鈴鹿(2)さんから何かの話のついでに、からみ大根がたやすく手に入れられる話を小耳にはさんだのです。鈴鹿さんの話によると京都五条の九年堂という表具屋から、実はそいつをもらったことがあるとのこと、そこで私は、さっそく九年堂へ立ち寄ってみました。幸い、主人に会えて聞いてみると五条のなんとかいいましたそば屋と河道屋と二軒だけがかろうじて薬味に使っていたんですが、それもここ一、二年前から廃してしまったって話です。さあ今はありますか、どうでしょうかって訳です。心細い話ですが、私はしかたがないからそば屋へ今度は廻りました。

からみ大根　竹白筆

◇

そば屋は鷹ヶ峯からくる百姓が蜜柑《みかん》箱に入れて売りに来るのを買っていたって始末です。それも近年は賞味する人もなく、価も高いし、といった訳で使っていないって風です。まだ最近まで三人位はかわるがわる来たのが、今は一人しか作っていないって聞いて、私はこれはひょっとしたら手に入るなと思ったのです。

だが急いだ旅でその日はそのままにして、ひとまず百姓の名を控えて一旦《いったん》東京に戻って来ました。

◇

それから間もなく、この月中頃でしたかね。また京都へ出かけました。例の表具屋九年堂を促して耕作現場を見に行くことにしました。表具屋はまだちいちゃくって掘る訳にいくまいと言うのを、ともかく行きたいと駄々《だだ》をこねた訳でした。だがさあ出かけると約束した日に表具屋は差《さ》し支《つか》えができて行けないとのことです。しかたがない、一人で鷹ヶ峯へ出かけました。

一休和尚で名高い紫野大徳寺の十二坊から上《かみ》の方、五、六丁位の所で例のお百姓の家を見つけました。さっそく来意を告《つ》げて畠へ出かけてみると道から一丁ばかり這入《はい》った所です。小高い所になっている傾斜面です。前には遠く叡山が聳《そび》え、その下《しも》手の方には加茂の松原が眼下に俯瞰できるといった絶景です。大根どころでなく、私はまず景色にうっとりしましたね。

左方三うねがからみ大根畠

写真で前の方三うねは例のからみ大根です。三十坪位作ってあるのです。みんなで二千株見当ですかね。かつては食通間で名が知れ、風味を唄《うた》われた大根も、今はたった一軒の百姓の手によってかろうじて作られていた訳で、何にも彼にもこれよりほかないんです。

◇

種を絶やさぬためにやっているようなもので、今はさらに買手がなく、ただ十一月一日京都の今宮神社のお祭りに少し売れば売れるって話でした。二株か三株、買って行った人が神棚に上げて安産のおまじないにすると信仰されています。ところがこいつ、雨になるとからっきし人出もなく売れもしないので、とても商売にはならんとお百姓こぼしているのです。しかし京都の華族会館に勤めている、さるお役人がこれを絶やさぬよう鞭撻して、その人は今種を得て少し作っているって話だったのですが、ほかの土地では辛味も抜けるだろうとの余談も聞いてきました。この土地でも今の土地から十丁ばかり下手、大徳寺の近傍へ作った時はもう辛味はなくなってしくじったとのことでした。荒地の赤土でなくてはいけないんだとのことでもありました。

なおこの大根は葉の裏の方にやたらと虫がついて普通の大根より作りにくい。その上売れなくなっては絶えるよりほかないといった始末でした。私は三十坪二千株を買い占めてさあ、これから随時五十、百と茶寮の方へ取り寄せて使うことにしました。

旧盆過ぎて八月十六日頃に種を蒔《ま》くと、十月二十日頃から喰《た》べられるようになります。私はちょうど行き合わせたのが十月の十八日でした。さっそく五十株ばかり抜いてもらって、その場でおろさして醤油なしで喰べてみました。うまくってね、こたえましたよ、酒がないのが。

◇

お百姓は塩でおして辛子漬けにしてもうまいと言ってました。葉も辛味があって、関西風のおくもじといったものにしたら賞味されようかと思いました。だが大根おろしは格別でそばの薬味、まぐろの刺身、天ぷらのおろし、なんかにしたらこの上なしでしょうね。まぐろなんかわさびが不用でしょうからね。これを使えば。

◇

さてさんざん秦さん(3)にも話を聞かしたばかりで失礼しました。もう大分時間も時間です。現物は幸いそこにあるのです。よく見ていただいた上でこれから二人で辛味大根の試食会をやりましょう。

『星岡』昭和七年十二月号(二十五号)所載

※「中村竹四郎氏。星岡茶寮を活動の舞台として、書に明るく絵もまた非凡の腕前あり。食通にしてしかも仏教に凝り、良寛を欣慕し大雅堂の蒐集家。」(「寄稿者紹介」『星岡』二十五号)

1 からみ大根…「辛味だいこん」は京の伝統野菜のひとつ。一九八〇年代まで一戸。現在は、京都市の設置した「京都市特産そ菜保存圃」として、鷹峯の農家委託し、現在七戸の栽培農家が生産している。

2 鈴鹿さん…鈴鹿三七(すずか さんしち、一八八八〜一九六七)、京都大学附属図書館古梓堂文庫主任、卜部神道家。「(便利堂が発足した)貴重図書影本刊行会は新村館長等を顧問とし、図書館司書であった藤堂祐範氏を事務主任としたが、実はもっぱら私が種々世話を焼いていた。(略)(竹白氏は)来洛の時は必ず私を訪われていろいろ用談や雅懐を語り合うのを楽しみにしておられたようであった。思い出してみると昭和六年のいつであったか、この度信州から蕎麦を仕入れ蕎麦打ちの名人を迎えて出舎家を移築し大いにうまい蕎麦を食わせようと思うとの話、私はそれはおもしろい、京の鷹ヶ峯に辛味大根という特殊な小大根があるから是非これを用いることを勧めた。思いつけは直ちに実行に移す竹白子の性質はこれから鷹ヶ峯へ行こうと迫られ(編注：表具屋九年堂のことか)、私は同伴して車を飛ばした。(略)翌昭和七年十一月に私は東上の一夜、星岡茶寮の田舎家で囲炉裏を囲んで幾杯かに舌鼓を打ったことがある。」(「便利堂竹白子」鈴鹿三七、『中村竹四郎』追悼録)

3 秦さん…秦秀雄(はた ひでお、一八九八〜一九八〇)、星岡茶寮支配人、『星岡』編集人、陶芸批評家。芝中学の教員のかたわら、雑誌『茶わん』の記者をしていたが、魯山人の知遇を得て昭和六年四月から『星岡』の記者として参加。一年半後には、教職も辞して星岡専任となり支配人となる。同時期に秦の提案で『星岡』を二十二号よりタブロイド判から冊子の雑誌形状に変更、昭和八年の『星岡』二十八号より、粟田常太郎、荒川豊蔵につづく三代目編集人となる。昭和十二年七月、『星岡』八十号を最後に星岡を辞す。

※「からみ大根、竹白の絵はうまいな。これ、何の紙にかいたのや、竹白って中村竹四郎君のことか。ううん、そうか。ぼやっとしたところいいな。」(「放談」内貴清兵衛、『星岡』二十六号)

枇杷療法

今私の事務机の上の花瓶にしめやかに咲いた枇杷《びわ》の花が生けられている。はからずも死んだ兄[1]のことを思い出した。長く胃癌を病み、枇杷療法[2]を根気よくやってのけて、たとい全快はしなかったまでも、その病苦をやわらげ、天命をいくらかでも伸ばしたことはいつか本誌にも書いたことがあった。[3]

以来、茶寮に来られる人々から、たびたび枇杷療法のことを聞かれた。こんなことは風流には全然無関係な記事ではあったが、意外に世人の注視を引いたのを想起して、また再びその療法について話していこう。

◇

癌はとにかく、これから向寒の季節リュウマチに苦しむ人は少なくあるまい。軽症の場合気候のかわり目などに手首が痛んだりする人がある。枇杷の葉をあっためて手首の痛い所にあて布で巻いておくと、二、三日で痛みがいつとなしとれていくのは私の経験している所である。

◇

茶寮に働く年若の女中の一人も昨年の二月頃から腎臓炎で七、八ヶ月も医師に親しんで、快癒を見ることができなかった。そして薬価もかかることだし、私は枇杷療法をすすめてやらせてみたらめきめきよくなってきた。それ以来去年の十二月頃からまた茶寮の方に勤めていて、爾来今年一年中健康で風邪ひとつひかぬのである。

今も毎日枇杷の葉をあっためて腹部にあてがって眠らせる。枇杷療法でよくなってきたのだから、是非ともこれを続けるよう話している。出入りの植木屋に頼んだり、後ろの庭から枇杷の葉を持ってきたりしてたんねんに治療を怠らないでいる。健康診断に医者に見てもらったが、全快とはいかぬが検尿の結果は蛋白の量はよほど減っているようであった。

◇

またかつてここに勤めていた女の母親が平塚在に住んでおったが、この春癌の宣告を医師から受けた。この人にも枇杷の葉の治療をすすめたところが意外にききめがあらわれて、かかっている医者がびっくりしたそうだ。

枇杷　竹白筆

◇

ほかにもなんとなしに元気のなくなった際、あるいは病後の衰弱の時など、毎夜枇杷の葉を腹にあてがったまま寝ると数日後には食欲が増進し元気はめきめき恢復してくる。およそ人にすすめて、やってみた人にしてなんらかの好結果をみない人はなかった。

◇

いつか日本及び日本人という雑誌に福島医学士の枇杷の葉の持つ特性についての記述がのっていたことがあった。なんでも枇杷の葉の青酸が鎮痛の働きをなすとか。枇杷の葉をあぶった時に香《にお》う物質については研究は不十分だがこれがききめがあるらしい。

◇

昔子供のおやつに枇杷の葉の上に黒砂糖をのせてやった。その砂糖を喰べた子は間もなく死んでしまったという言い伝えを聞いたことがある。ともかく枇杷の葉には何か大毒があることは事実らしい。

◇

療法は単純至極である。枇杷の葉の光る方をぼうっと湯気の出るまで火であっためて、それを痛む場所、患部の皮膚の上からあてておけばいい。重症ならば一日三回位、一、二時間位ずつ、軽症ならば一日一度もやれば事足りよう。それも就寝の際が便利だ。

慢性の胃病その他万病にきく、しかもこの単純な療法は是非病苦の人に試みて欲しく思う。

『星岡』昭和八年一月号（二十六号）所載

1 死んだ兄：中村家三男、便利堂三代目田中伝三郎（一八七八〜一九三〇）。
2 枇杷療法：千五百年前に中国から伝わったと言われる民間療法
3 「兄の胃癌に当面したる私の経験（癌と枇杷療法の事）」と題し、昭和六年十月より三回わたりタブロイド判時代の『星岡』に寄稿（第十二号、十三号、十五号）、長文で内容も重複するため、本書では収録を割愛した。伝三郎は、昭和五年十二月に亡くなるが、その年の四月二十三日の大阪毎日新聞紙上に「枇杷葉療法」と題して、兄伝三郎への竹四郎の枇杷療法についての記事が掲載された。
※「万病に効顕著と聞く枇杷療法を熱心なる実験家中村竹四郎氏に聞く。詳細は茶寮中村さんへお電話あればいろいろご教示願えるはず。」（「編輯落書」『星岡』二十六号）
※「中村竹四郎氏の枇杷療法を掲載した本誌をわざわざ茶寮に求めに来られる人折々あり。中村さんはボオクニモ、ファンガイルヨ、なんて言うもんだから「うちのダンサンこの方がお商売よりもっとお嬉しそうでございますわ」と茶寮取次のお行儀のいい女中さんの陰口。」（「饒聞録」『星岡』二十九号）

「奥付の上の賀正の字と日の出の絵は中村竹白氏に乞いしもの。」（『星岡』二十六号）

ふぐの味

星岡の二月号の原稿を編輯前に見せてもらったが、河豚《ふぐ》の記事が大変多い。私も河豚党の一人として仲間入りをさせてもらいたい。実はふぐのうまさについて考えたこともあるのです。

ふぐの味はふぐの毒性にある。その毒性は電気のちょうど高圧ボルトのようなもので、それにさわれば人命をあやうくすることもあるが、それを低圧にしてうまく利用することによって病人に対する療法として用いられさえする。ふぐの毒もよくよく洗ってその毒を低ボルトに調節して喰《た》べれば我々のこの上ない美食の材料となる。

◇

いったいに汁椀にはかつお、昆布というだしが入用である。だしを用いない汁椀なんてだいたい汁にならんとさえ極言できないこともない。がふぐに限ってなんにもだしを入用としない。ふぐはふぐのあらでも肉でも鍋に入れ、湯で煮て醤油を加えただけでうまい汁ができる。しかもなかなか濃いこの上ないうまい汁ができあがる。

◇

いつか京都便利堂の若い人をつれて別府に行ったことがある。宿でふぐができると聞いてさっそく注文した。ところが同行の若い男はどうあってもふぐは喰べないと言い張る。そこで二人別々に私はふぐを、若い男はあたりまえの客膳で夕餉を喰べた。その時ふぐの後に喰べた鯛の味は灰をかむように下品でいやな味だった。鯛が悪いのではなく、ふぐと比べては鯛すらこんなにも見劣り、喰べ劣りがするものかと一驚を喫したのだった。

『星岡』昭和八年二月号（二十七号）所載

原色版の話

原色写真版(1)はかつての西洋人の発明にかかり、その技術ももとより日本人の技術は遠くその足もとにも及ばなかった。しかし私は便利堂を経営するようになってから、特に西洋人の陶磁に関する原色写真を注意して眺めてきたが、なるほど中には精巧なもののあるのに感心し、また古い頃はよく驚嘆して見とれたりしていたことがあった。しかし便利堂でよくよく吟味して原色版を精巧なものにと勉強しているうちに、私は西洋人の写真には日本人とまったく違った要素のあることを発見した。

それは西洋人の原色版がいかによくとも、結局どこかにバタ臭い感じを脱却できないことであった。わけても日本の陶磁を写した西洋人のものには一層このバタ臭さが不釣合だった。写真にも日本人には日本人独特の深味のある滋味の豊かな写真ができるものだと気づいて、私達は佐藤濱次郎君らと協力して今日の便利堂原色版写真に力を注いできた。

結果がどうなったか。というに、もう今では先達の西洋人を出しぬいて原色版写真の真の味わいは日本が段々感づいてきたように思う。こういえば自家宣伝も甚《はなは》だしいが、もうどこに出しても恥ずかしくない便利堂佐藤君(2)の技術上の感の良さによって立派な写真ができるようになったことは事実である。毎号本誌をかざる口絵にしても私はなかなか手に入ったものを写すようになったものだと、ひとところを思って今さらに感心するのである。

『星岡』昭和八年四月号(二十九号)所載

当夜の即興画　竹白筆
同号の記事「風流外人トルエドソン夫人」の挿図より

1　原色写真版：銅板を用いた網目凸版によるカラー写真印刷技法。明治時代に単色印刷として導入され、その後三色あるいは四色プロセスによるカラー印刷が可能となり、その美しい色表現から「原色版」と呼ばれるようになった。一九七〇年代よりオフセット印刷が台頭するまで高級カラー印刷の主流であった。

2　佐藤君：便利堂技師長・佐藤浜次郎(さとうはまじろう、一八九四〜一九五〇)。昭和二年、便利堂原色版工房開設にあたり、東京・辻本写真工芸社の高級原色版部から移籍。法隆寺金堂壁画は、辻本時代を含め三度にわたり撮影、昭和十年の原寸大撮影原版は重要文化財指定された。

我観富士登山

富士登山なんて、なんと言っても若いもののやることで、四十を過ぎて、しかも安逸な平常にあるものは、いかに負け惜しみを言っても、結局はなかなか苦しいことだ。僕らは少年時代を追想して二十五年振りで今夏再び登山を志したのだ。もちろん今は山路も拓《ひら》けて、吉田口からなら八合目までは馬で行けるときいて、それならと思って出かけたのだが、いよいよ吉田に来てみるとその昔馬を返した「馬返し」までは今では自動車が二十分で走り、かえって昔の馬返しが今は発馬場になってここから五合目まで乗馬登山ができることになっているのだ。八合目まで行かれると思ったものが五合目ではわずか予算が狂ったが、なにたかが三合のことだと見くびってしまったが、実際はこの三合が容易ではなかったのだ。

樅《もみ》や栂《つが》などの灌木の林を乗馬姿でゆうゆう登って行くと、高原の涼風は頬をなでて、爽快極まりなしだ。さて五合目で下馬して、ここで握り飯と罐詰で昼食の腹をこしらえ、いよいよ砂礫《れき》の登山道へかかる。このあたりから坂路もようやく急を加え平常労働しないものは情けなくなってくる。遙かに頂上を仰ぐと砂山に蟻が這うように登山者の群が見える。六合目から七合五勺位までに石室も点在十指を数える。その上にまだ遙か上方に今晩の宿舎八合目山北ホテルを仰視することができる。七合目から上はほとんど四十五度に近い急斜面で、仰ぎ見る時はまさにホテルは転落せんばかりの恐ろしさを覚えて見える。あそこまで登らねばならぬかと考えると一層恐ろしさを深くする。すると心臓の鼓動が一時に高まって苦しさが増す。登山では上を見ぬことだ、ただ足もとを見詰め緩やかに一歩一歩足を運ばせることだ。そして少し疲れたら少し休むことだ。長休みは能率を下げる。

一行中の少年たちは学校でのスポーツが功を奏してほとんど疲れを知らぬげに見える。少年なるかなとの感が深い。団長格の僕が落伍したら万事休すと覚悟して、これよりただ一人無言の緩行を続けることにした。黙々の行をやっていると胸中種々の感想を生む………。

富士八合目石室より山中湖下瞰

◇

家康の家訓、重き荷を負うて遠き道を行くがごとし、急ぐべからず……荷は負わないが重荷を負うた感が深い。一歩、一歩、歩むことより人生はないのだとも悟る。登山者には前路が明らかだが、人生の前途は見とどけようもない暗《やみ》のようだ。不明だらけだ。しかしもしも人生の前途が明瞭に見えるものだったらどうだろう。登山の頂点にあたる所は、人生行路の死点ではないか。強力《ごうりき》は言う「登山者は上を見ぬことだ、その点では雲や霧に閉ざされた時の方が恐くはない」と。不明が安穏であって、明瞭が恐怖だと言うことは矛盾ではないだろうか。これが人間の弱点と言うものだろうか。雲霧に閉ざされていても頂上のあるのは確かだ。人生の行路は暗だと言ってもついには死の頂点にいたるのだ。明・不明、迷・不迷、一つに悟りの覚悟だ。南無―観世音―菩薩と一歩一歩心中に唱えると不思議にも足は軽い。

時はすべてを解決する。僕ら一行は幸いに山酔もなく五合目海抜七千尺より八合目海抜一万一千尺に五時間を費やして、夕六時八合目ホテルに着いた。

このホテルは富嶽石室中随一高等であって、かつて今上陛下、摂政におはす頃御登嶽の砌《みぎ》り御宿となさせ給うた所と聞く。そして床《ベッド》の設備あるとのことに、大いに楽しみとしていたのであるが、聞くと見るとは大違いで、すくなからず失望した。表戸三尺程を開けると狭くるしい押入の戸棚のような床が二段あって、その一段に大の男が二人ずつ寝るのだ。僕らは同勢八人で向かい合って四個の床に他人を交えずに仲よく息《いこ》うこともできたが、身体の疲労と、空気の稀薄に、寝ぐるしいこと夥《おびただ》しい。その上に不潔極まりない。食事は蝦の佃煮(ほとんど皮ばかりの小蝦、これより粗品はない）不快な椀にまずい豆腐汁、飯は生煮《なまに》え、山に来て贅沢を言うのではないが、もう少しくらい親切はあってもよさそうだと涙が出そうだ。それに便所ときたらお話にならぬ。地域が狭いと言うなかれ、飛行機上の用便でも快く充たせる現在だ。宿料一人二円五十銭也、今晩などは一夜の宿泊約三百名と聞く。七時に食事をして明朝は午前三時出発と定めて八時寝に就く。

富士山頂剣ヶ峰に置ける一行（右より三人目筆者）

日中は晴曇相半したが、日暮からは雨を交えた疾風となった。気温は五十度を下り、毛布にくるまっている枕頭にまで大粒の雨声が聞こえてくる。どうか明朝は天候の幸を得るように心中に祈れども、疲れた心臓は平安ならず、寝ぐるしいままにまたもや妄想が起こる。

◇

富士山を中心にしてこのあたり一帯国立公園に設定せられたと言うが、一向なんらの変化も認められないではないか。山には変わりようもないだろうが、近年登山者の数は著しい増加だと言うのに、石室はなんら設備の改善もない。ケーブルカーの設計は不可能だとした所が、この八合目のホテルにしてもコンクリートの永久建造物くらいにはできそうなものだ。もちろん営業者だけの力では無理だろうから県当局とか、観光局とかから協力して、ここまで登って来た人々のために少しは慰安を与えたいものだと思う。たとえば展望に面する側は一寸厚のガラス張りにして、室内は小さいながら食堂兼用のホールとして、ストーヴもあってほしい。快い暖かいスープの一杯も食べさせてほしい。床《ベッド》も簡素でよいが今少し清潔にしてほしい。これらのことは業者が少しく知識があり、親切があれば、すぐにもできることのように思われる。もちろん宿料は今より多少は高価になろうが、富嶽上一、二ヶ所くらいは高等石室があってもよさそうだ。それにどうだ、なんらの文化的設備もなくて二円五十銭の宿料などはいかに運搬費を要するとしても高価に過ぐるようだ。おそらくこのホテル経営者などは、ひと夏で一年中の生計費一切を取得するのだろうと少し腹立たしくもなるが、誰しも疲労しているので文句も言わぬようだ。

二十五年前と今日と比較して異なるのはわずかに山麓数里の間に自動車が走り、登山者にいくぶんの時間的短縮を与えるくらいのものだ。国立公園としての計画はどんなものか一度は聞いてみたいと思う。文化はえて自然を壊すと言うがなんとかひと工夫あってほしいなど考えているうち、いつしかまどろむ。

翌朝は天我に幸いして、夜来の風雨おさまって山上晴天、四時わずかに口をすすいで頂上に向かった。この間二時間途上ご来光の朝暾《あさひ》、崇厳を極む。富士五湖、さては箱根連山、白雲点綴、人外雲表に立つの快言語に絶す。実にこれあるがゆえに登山するのだ。あらゆる労苦も石室の不快もこれによって一掃せられるのだ。これだけは登山したもののみが得る悦楽なのだとつくづく思った。それから頂上でうどん一杯(十五銭)黄粉《きなこ》握り(十銭)に朝食を整え、お鉢廻りをしたのがかれこれ七時だった。僕らはここ数日間晴れ間を見せなかったという頂上がこの朝に限って晴れ渡り、四方の展望を恣《ほしいまま》にしたことだった。遠く大島、近く江の島、伊豆半島から駿河湾、三保松原から清水港、さては雲煙模糊のうちに伊勢の方まで望見せられた。僕らはついに幸福なる登山者であったことを感謝しつつ、下山に向かった。帰途富士五湖を回遊して帰宅したのが八月六日夜九時であった。

◇

富士五湖のことは他日折を得て感想を記したいと思う。(昭和八年八月十日稿)

『星岡』昭和八年九月号(三十四号)所載

※「中村竹白氏窯場の主任松島文智氏ほか四、五人の同行者と富士登山。多用の中を割いて本号のため「我観富士」の稿を寄す。富士登山の記かと思ったら、編輯の千葉女史、「テツガクですわ」の批評でした。」(「交膝餘録」『星岡』三十四号)

水三題

噴水

納涼園に方一丈にも足らぬ池がある。この池に噴水がしつらえてある。もとより玩具のようなもので、高さもよく上って丈余のものだ、これは納涼園にお出での方は皆ご存知であろうと思います。

夕方になって仕度《したく》万端整って客来までにしばし小閑がある。たまたま傍らの卓子に倚《よりかか》りてしずかにこれを眺めているといい知れぬ楽しみを覚える。

一条の水柱は与えられた力の限りをつくして中空に騰《のぼ》る。力がつきると玉と化して中空に舞いやがて下降し始める。いま玉を追うて眼を下ろせば、緩やかなる弧線を描いておちるさま、自然の法則に従って加速度で池面にあたると、そこには絶え間もなき点滴を起こして、波紋は全池に拡がっていく。

さらに耳を澄ますと、そこには快い水のさざめきの音を聞くことができる。池辺に巣喰う虫の声も河鹿《かじか》を聞くように冴えて幽寂をつづける。流るる風に時には飛沫を我が頬によせて爽涼の感を与えられるのみならず、清陰の水香をさえ伴のうてくる。

不自然な人工の噴水もこうして見ると、吾人の五感のうち味覚を除いた、すべての感覚に豊かな満足を与えるもののようだ。

そして味覚には納涼園のお料理があった。

敷石に湛《たた》えられた水

星岡の玄関入口に石畳が敷きつめてある。この石畳の一片にほんのわずかな凹みがある。朝夕清掃して打ち水を十分ならしむると、このわずかな凹みにも水は湛えられる。湛えられた水は少なくとも、風には波を起こし、時には雲影を宿して小天地を貌《かた》どる。

ある日の真昼、これも客来に間もなき静寂の一瞬玄関に立ちてフト眺めると、小雀がこの凹みに下りて水浴をしているではないか。羽ばたきをしては飛沫をあげ、両翼の内側に快い水の触覚を楽しんでいるではないか。なんと愛すべき自然の姿であろう。その間十秒、二十秒、小雀は、水浴を了《お》わりて餌をあさるでもなく軽い身ぶるいを残してツト樹上に返って行った。

籠に飼われるのではなしに、自然のままに安住している小鳥の姿を見ることは、うれしいことのひとつだ。

筧《かけい》の水

土塀の外は老木の林で見渡す限り緑に囲まれている。内側はと見るとそこには半点の竹石もなく、満庭是水、塀際一杯に水を湛えた池になっている。鈍重な池水の色は古池を思わせ、また一方の筧から落ちる水は、蛙が飛び込んだような愚鈍を思わせる響を立てている。

これは星岡の田舎家から見る景色であって、ここに集まった方々が話がはずんでくるその合間に、梟《ふくろう》の鳴き声とこの筧の音で一層の静寂さを思わして、知らぬ間に夜が更《ふ》ける不思議な魅力のある音なのだ。

この田舎家はその建築上の工夫と、あらゆる雑器をよく調和配置させて評判を博しているが、さらにこの池がよき反応を示しているのだ。いま私はここで田舎家のことを言うのではなくて、愚鈍な響を立てている筧の水の素性を洗ってみたいのが本意であるのだ。

筧の水は語ります。私はここでこそのろまな顔をしておりますが、生まれは山王の森砂礫《されき》層の中で茶寮の境内の豆腐小屋の傍にある井戸から汲み出されてきます。そしてポンプという嫌な奴で否でも汲み出されてまず第一にこの家よりほかにないという、私の温度を用いた冷蔵庫へ送られて、その管を廻るうちに、ビールを私と同温度まで冷やします。人体の咽喉《のど》に最も快いのは私の持っている温度だそうですから、このビールを呑むと水と同じ感じでそれが最も美味しいと言うのです。次に階下におりて今度は、機械の冷蔵庫で、熱したアンモニアの瓦斯《ガス》を冷やし生気を甦《よみがえ》らす役目で、大抵はこのあたりで下水道へ堕落するのですが、この家ではなかなか放免してくれません。私だって不潔な下水道へは行きたくはないのですから、実は嬉しいのです。とにかく私は間断なしに廻ること、血液の順行するように運行しないと役目はつとまらないのです。私が少しでも怠業したら冷蔵機はすぐに病気になるのです。

百合　竹白筆

　それから次が紫式部[1]さん専用の風呂場の上の貯水タンクにしばらくは貯えられますが、大きな五つのタンクも使い方が減りますと、溢れて次の鉛管に移ります。今度は長い地中を潜って、表庭の散水井戸で掘抜きから湧き出したような顔をして幽然と出現します。ここまでは働いても少しも汚れはないのです。それから最後に流れ出したのが筧に入った田舎家で初めてお客さん方と公式対面となるのです。愚鈍な音をたてていてもなんとすばらしく働いているではありませんか。

しかしこれだけ働いてもまだ後の仕事が残っているのです。池から外へ出るとコンクリートの池中にたちまち囚《とら》われて、最後のエナージーを、またもやポンプで付けられて、広い庭のすみずみまで、あるいは年経た椎の木や、この頃移し植えられた小さな草木に深き慈愛の雨となって撒かれてしまいます。これを最後として私は再び生まれ故郷の土に帰りますが、兄弟分の一方は手洗い場という最も不潔な役目を負わされて、下界の汚路を果てしもなく、彷徨《さまよ》う憐れな末路をたどるのです。

どうぞ皆さん愚鈍な音にのみ徒《いたずら》な趣味性を悦ばすことなく、私のみが持っているこの素直な心を私の上に見出して下されば満足です。賢い人様に対する柔順なる奉仕を見て頂きたいのです。同じ筧の水と言っても山奥の谷川から引くのとは大変な相違で、こうした無心の水にも社会生活の辛さがあるようです。

『星岡』昭和八年十月号(三十五号)所載

東京星岡茶寮　正門

1　紫式部：茶寮の接待係の愛称。制服である無地紫紺の着物（金茶の帯はお太鼓結び）からつけられたと思われる。

※「水三題の筆者中村竹白氏、これでいいですか。処女のごとくちょっとはにかむ様子で出された小品です。内輪でほめたりするのはよします。氏はただ老荘を学び、良寛を欣慕し、徒然草の愛読者であることをちょっと紹介します。文中の小品画もまた氏の近作。」（「星岡交膝語録」『星岡』三十五号）

美と醜

明治節の午後、帝展を観てさらに松坂屋の下手物展に行かんとして、上野公園の歩道をあゆむ二人、路傍に五十恰好の襤褸《ぼろ》の乞食憐みを乞うを見て語り始めた。

A「きみ、今の乞食を見たかネ、あの年頃といい風貌といい、僕はだいたい乞食は決して醜には見えないんだよ。あれから素晴らしい美を見出して楽しんでいるんだよ。むしろ僕などは中年の婦人なんぞが、錦紗やいわゆるお蚕くるみで着飾っているのは決して美には見えないんだよ」

B「美醜一如と言うのですかネ」

A「イヤ徹底観から言えばもちろんそうだよ。有無相通。結局は美も醜もないさ。しかし僕の今言うのは、その最後的ではないのだ。たとえば極彩色の壮麗な絵画よりも、墨一色に美を感ずると言うのだよ。極彩色の山水から色が見えなくて水墨の山水画から緑したたるその自然色を見ることができるという、その見方で今の乞食を見ると美に見えると言うのだよ」

B「すると、その最後的の一歩手前というところでですかね」

A「そうだ、最後的にと言えばって、言いようがないさ、言うこともないよ。まあ今言うのはつまり自然だね。僕は今までもよく考えるのだがね。帝展だとか、院展だとかへ行ってだね画を見ているとだ。今も今で立派な評判の画をだ、人物画なども沢山あるが、出陳画の画ばかり見つめていたその眼で、フト画面に列んだ看守の女の顔を見るんだよ。また来観者の顔を見るのだね。若い学生もある、洋装の女もある。職人のような人もたまにある。重役姿もある。それは誰でもかまわない。実在の人間の姿を見るのだね。するとその各々の顔が素的な芸術的な強さがあるのに吃驚《びっくり》するのだ。実在の人間はどれを見ても素晴らしい芸術的興味を感ずるのだね。この時に思うのはモデルは問題じゃないことだね。どの人間でもかまわない、有り合わせで沢山だ。要は筆者の自然観にあるようだね。自然をどのくらい明確に把握しているかが問題なんだ。帝展で画を見てつまらない時に、看守の女の顔を見たまえ、それゃ素的だよ。這《しゃ》箇《こ》消息君わかるかね。しかしこれは平常実在の世界に住しているとちょっと気がつかないのだよ。展覧会などで筆者のつまらない仮想の世界へ入ると実在の意義が明確になるのだよ。わかったかね」

B「そんなに鮮明《はっきり》わかりませんでしたが、そう聞けばそうだと確かに合点が参りますよ」

A「まだまだ展覧会で見ることだね。あの広い彫塑の室でだね、皆お化けばかりだね、あの中に果たして美があるだろうかしらといつでも不思議に思うのだよ。ところがだね、陳列の合間に盆栽の植木の鉢が埃だらけになって色もあせたのがあるだろう。あれにフト目をやってごらん、檜の一葉にも強い自然美があるのだよ。こういう見方をすれば、現代の作者は言うであろう、「そんなら貴君は絵を見ないで、自然ばかりごらんになったらよいでしょう」と。馬鹿！と言ってやりたいね。この僕の心がわからないで絵など描くのがそもそも誤りなんだよ」

B「つまり現代作者が自然の見方が足りないと仰るのですね。自然を素直に見ないで、イヤ自分では見ているつもりかもしれないが不知不識の間、他物の牽制を受けているのが気がつかんのは憐れだと仰るのですね。これも要するに根《こん》が悪いのでしょうね」

足はいつしか広小路の交叉点に来る。自動車、電車。昔の言葉で言うと織るがごとしだ。GOの信号、いっせいに疾りだす車中に目をやると、今日の大祭日に家族づれ、それも五〇センなればこそ乗り得る自動車に何かと買い物も車中に溢るる景色。

A「ああいうのも僕の目から見ると素的な美があるのだよ。自然であって、平和であるのが美なのだよ」

B「なるほど」

（霜月四日晩記）

『星岡』昭和八年十二月号（三十七号）所載

杜若図屏風　竹白筆（大正十～十一年頃）

大雅の酔筆

歳末から年始にかけて病床に就いてしまった自分は、すべての煩雑な世事から離れてしまって別な世界に住んでいるような数日が続いた。枕頭に遙かに町のどよめきが伝わってきて哀愁を添えることが多い。ここを先途《せんど》と囃《はや》し立てるチンドン屋の楽隊は物狂わしく人の心をかきたてて、歳末の商人の悲鳴のようにも聞こえ、また日暮頃の豆腐屋のラッパは病床の自分にヒシヒシと物哀しい感じを与える。ひとつは物質の世界への焦燥を、ひとつは精神の世界への感傷を、町に無雑作に投げかけられた雑音から自分が拾い上げているのだと悟る。

◇

熱が高くてうつらうつら眠っているときはさのみ苦痛も感じないが、下熱して精神が明確になると、病気に対する最悪の想像などが手伝って苦痛も精神的に増加してくる。健康者からは「ソラ神経を起こしている」と揶揄されるが、それは病中の何人もが持つ人間の弱さというものであろう。であるから賢明なる医師は肉体の病症に投薬するとともに、過敏になりたがる病人の精神には別に、少しはゆったりと和やかにさせる薬剤の応用も必要であろうと思われる。

……なんて勝手なことも考えてみた。

◇

病人に附添う看護婦は細かい所に気付かねばならぬのはもちろんである。すなわち病人の意志とともに行動し得ることが大切である。その言おうとする所をまず感知し得るだけの敏感さをもって身軽に敏捷に病人に逆らわず動作をするということが望ましい。病気についても概念的知識を保持して患者の信頼を得るようでなければならぬ。ただあまりに行き届く時には、かえって病人に満足を通り越したある感激を与えるので興奮せしめる時もある。かかる時はむしろ少々物足らぬ者の方が諦めて気楽に眠れるかと思う場合もある。要するにボンヤリしたような感じの間に患者にも気付かれぬような敏感さを所有することが看護人としての理想的なものであろう。

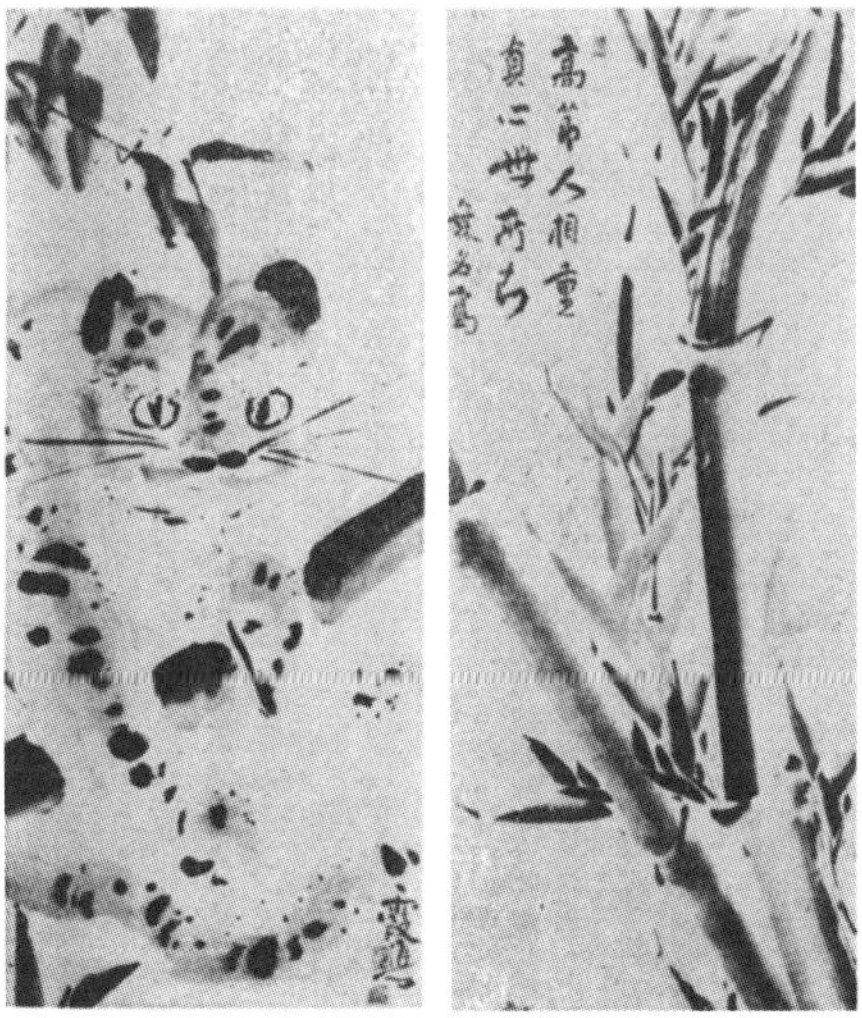

大雅堂酔筆　双幅

朝な朝な取り換えてくれる看護の人の心尽くしの花を眺めるのもまた病中の慰めのひとつである。病室は東向きになっているので朝は早くから朝陽が射す。そして投げ入の梅の小枝に清い光線を投げる。覚えず微笑せずにはいられない。一輪散ってはまた一輪開く所のその花は自然の態度と少しも異ならないが、私はフトこの花に問いかけてみたくなるのだ。「梅の花よ、おまえの根はもはやなくなっているのだよ、おまえはそれを知っているのかネ」と。……これも病人の感傷的心理かも知れない。

◇

平生は用事に追われがちのため疎かにしていたラジオが、こうして臥していると急に近いもののひとつとなって私を慰めてくれる。誰もおらない薄闇の中で目をつぶって聞いているとピッタリとラジオとひとつになって細大洩らさず味わうことができる。もし「ラジオ聴取室」とでも言うようなものを設備しようとするならば、静かな暖室であることが理想条件のひとつとなりはすまいか。

落語と映画物語とを聴いたある夕、私はその比較を試みた。落語は旧日本の世情を基礎にして、我々の生活様式とは似もつかぬ形式で表現されている。けれども人情の機微を巧みに捉えてこれを誇張して興味あるものにしながら我々の心に何物かの暗示を与えている所に妙味がある。

映画物語は落語の単純さに引き換え様々な伴奏や擬音を織り込んでその場面を連想させ、場面の転回も非常に速やかで活動的である。なんだか話の見出しばかりを聞かされているようで、間口ばかり広くて奥行きのない感がする。一場の物語を聴き了ってその話の構想を茫漠と印象付けさせるばかりで、深い感銘を心に残さない。落語のようにシンミリした感じを受けることができない。

畢竟これは東洋趣味と西洋趣味との相違であって、ひとつは内容を主とし、ひとつは外観を表現するのである。しかし今の若い人達は皆映画物語の方を喜んで聴くに相違ない、そうした気風が現今の世相を作っていくのであろう。それだけ僕が老境に這入《はい》った訳だ。

◇

昨年の十一月、京都に大雅堂の遺墨展が開かれた。その遺墨集が刊行されて病中枕頭に届いた。通覧しているうちに当時の展観を見た時のことを思い出した。この前の蕪村展の時もそうだが、大雅にしても感ずることは大作力作がなかなか多いことだ。一世に名をなすには大作、力作そして多作でなくてはならぬように思われる。しかし通観して、これは名作だというものも、さて少ないようだ。全出品の半数くらいは素的に面白い。川の流れなど描いたものに水はどこから流れているのか、滝だか河流だかわからないような痛快な作があって、覚えず快哉《かいさい》を叫ばされる。また見るからに酔筆だと感じられるものも沢山あるようだ。いろは四十八字の屏風の前に立った時など、六曲一双、一折に四字ずつ書いてある。これは大雅が祭礼の時などに招かれて酔に乗じて一気呵成に書いたように見えたので、傍らの人に「これは大雅の酔筆だ」とささやいたところ案の定その屏風の落款の処に「酔筆」と書いてあった。それは唐紙を無雑作に畳の上に拡げて大筆を奮ったものと見え、墨痕に畳の目が歴然としているのも面白い。また、竹に虎の双幅は酔中一気呵成ほとんど印象的に書き終わった痛快なものだ。しかしながらやはり少しの酔も帯びず、真面目に書いたものの良さ、尊さというものと比較する時には、到底後者を取らずにはいられぬ。灘の嘉納氏所蔵の山水の屏風など、その最も優なるものと思うた。それから大雅の人物画は素的もない超越的なもので、画かれた人物の相貌が与える印象をなんとなく大雅その人のように思われたが、彼の肖像画を見ると、それはあまりに距たりがあるのに驚く。写真のない昔のことであるけれども、その肖像はあまりに堅苦しい真面目な顔をしているので、どこにもその画風との連絡がなく、ちょっと不思議な感じがした。

京都の遺墨展ではもっと書だけの作品を沢山見たかったのだが、割合に少なくて物足らなくその点遺憾に思われた。

『星岡』昭和九年二月号（三十九号）所載

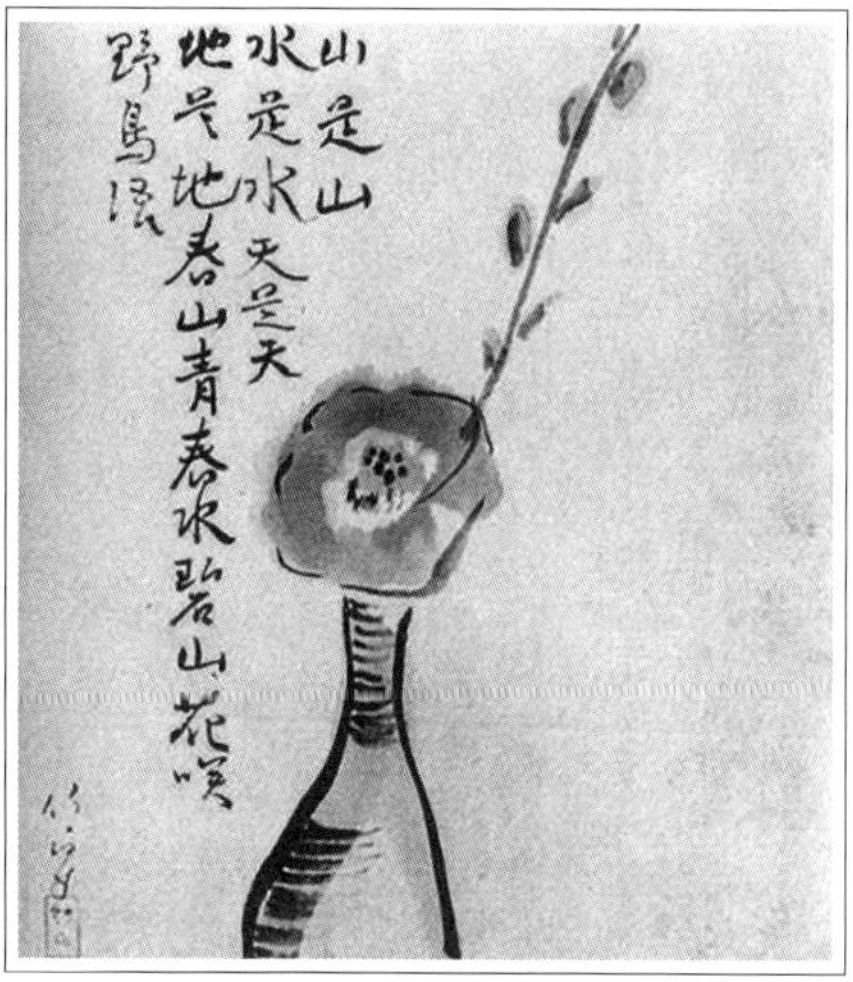

花　竹白筆（昭和十二～十五年頃）

※「広島県立高等女子学校でこの度、女子専門学校を設立することになった。ためにバザーをやった。申し込みを受けて茶寮の中村竹白氏、請わるるままに、寄贈した有り合わせの絵五、六枚。僕なんかの絵は、あげるにはあげますが、一円にだって買い手はありませんよ、と言って渡したのみ女学校からの近信に、観音様の絵が一枚十円に売れましたと、おかげでバザーは純益三千円もございました。おめでと。」（「交膝餘録」『星岡』三十二号）。

私の闘病術

よく神経を起こすということを人が言う。ちょいと咳が出ると肺病ではないかと思う。胃病が少しつづくと胃癌になるんじゃないかと思ったり、高熱が続くととんだ大病になるのかと思ったりして、取り越し苦労をすることがある。

これは人間の誰もがもつ弱点であろうと思う。どうせ寿命がつきたらば、一度は死ななくてはならない。だから、自然に任して死ぬ期《とき》が来たならば、潔《いさ》ぎよく立派に死に得べきものとの覚悟が入用だが、これはよほど悟脱の境に達した高僧、達人に非ずんば能《あた》わざるもののようであって、普通は最悪の場合を予想して、取り越し苦労をする。

さりとて自分の心配をうっかり他人《ひと》に話そうものなら、「それゃ君、神経だよ」と嘲笑を買うくらいが「落《おち》」で、本当に合理的に心配してくれる人もさてなかなか見当たらない。

私は幼少の頃から身体《からだ》が虚弱であったので、一入《ひとしお》病気のことを気にする質《たち》だ。十七、八歳の頃肺尖加答児の宣告を受けて、一年も鎌倉に養生したことがある。お蔭で健康は取り戻してまだ生き永らえておる。しかし二十五歳の時に烈しい神経衰弱に罹って、心気昂進症というのに襲われた。脈搏が突如として百三十から百五十位を打って、顔面が蒼白となり、今にも心臓麻痺を起こして死ぬかのように脅《おびや》かされる。しかしその割に呼吸はなんともなく、医者が来てくれて「あなたの心臓は大丈夫、たとえば大嵐に遇った船が、風波に木の葉のように翻弄せられても決して沈没しないことを受け合ってやると言ってくれたらば、その船に乗っている人は安心するだろう。それと同じようなもので、心臓麻痺に絶対にならないことを受け合う」というようなことを聞いた。するとたちまち精神が穏やかになって、平常の脈搏に復してくるようなことをしばしば経験した。しかしその心気昂進症によって生命をおびやかされることが頻繁であったために種々人生問題を考えさせられた。結局は宗教によって安心を求めるよりほかに道がなかった。幸いにそうしたことに誠に適当した先輩の友人があって、色々有益な話を聴かせてくれた。このことが後年どのくらい役に立ったかわからない。爾来健康も徐々に増進して体重も増加した。

落葉木　竹白筆

　しかし元来虚弱なために病気のことに精通す

るようになり、自分の身体の上だけでなく、茶寮にいる数十人の健康上にも常に注意をし得られて、今まで幸いに手遅れさせたことなどは一度もなくってこられたことも、まったく自分が病気について知る所があることによって益《えき》しているように思われる。

ところが今年の夏、京阪旅行中に腹をこわして、爾来はかばかしく快くない。そうしてしばしば胃痙攣を起こし、胃腸に甚《はなは》だしい変調をきたしたようだ。その上最近に至って胃の上部に圧痛を覚え、食欲がとみに衰えて、目立って体重も減じた。そこで少し神経を起こした。それは数年前京都に在住しておる私の兄が二ヶ年有余も医者に罹っておりながら、また自分で胃癌の疑いをもって主治医に癌ではなかろうかと質問した時、「あなたのは癌ではありません」との診断であったが、追々病勢が進行してついに臥床するようになってから、レントゲン試験の結果が癌を発見した。そして手術をしようにも時すでに遅れて、ついに逝去したこと実を親しく目撃した自分は、もしや癌ではないかと、少なからず不安におそわれた。そこで自分は考えた。この不安のままに姑意な養生をしておってもなんにもならない。もちろんかかりつけの先生にも診察を乞うた。が「大丈夫癌ではありません」と診断を下されたので一応は安心したが、兄貴の例もあることであるから、もっと突き進んで慎重なる診察を受ける方が合理的のように思われた。そこでさらに進んで帝大の真鍋内科に入院して現代の科学の精細を尽くして診察を受くることにした。入院十日の中にレントゲン二回、日々、飲食物と排泄物の厳密な試験を受けて癌の疑いはまったく晴れた。そしてまた肺部、その他の臓器も別にたいした異状を認めないで、夏以来の胃病は軽微な膽石病の疑いを残すことによって臲《けり》がついたのである。

私が病院の玄関を這入るときに下足の男が、まさか私が患者だとは思わなかったと言うことだ。それほど病人らしくなかったのだ。M先生も「兄が大臣になったら、弟も大臣になるとは限らない」と言って、私の癌に対する不安を一笑のもとにけし飛ばしてしまった。

ほとんど入院中も、帝展や博物館にでかけて、病人らしくない行動をとっておった。しかし受けるべき試験と飲食に対する日常生活は厳重に守った。

今日退院する時もあまりに平常と変わりがないので辱かしいくらいであった。

しかし私は今回の入院十日間で、非常に、平常の多忙からのがれて充分なる静養を摂取したことは事実である。私は自分で神経を起こしたことを一面辱かしく思うけれども、これは弁明のつもりではないが、立派な合理的の理由を持っていると思っている。

それは自分の関係している業務上の仕事が現在において中途半端で完成していない。その上、京都、大阪に対して新しい計画を持ってこれからその仕事に着手せねばならぬ立場にある。もし胃癌の疑いでもあるならば、社会に対する責任上、行きがかりの仕事を片附けねばならぬ。そして他人に迷惑を及ぼさないようにせねばならぬと考えて、入院を決行したので、単なる神経のためではない。

私は常に病気に向かって、かくのごとき解釈をもっている。罹病の際は速やかに信頼する医者の診察を受けるのはもちろん、さらに自分でなおも不安を感ずる時には他の専門医などにも診察を受けてどこまでも自分の病原を確かめることだ。しかして病原を確かめたならば、厳密なる療法を加えて、それから以後は運を天にまかす。決して余計な心配や取り越し苦労をせぬようにしている。とにかく、自己の病気に対して徒らな不安を懐き、さりとて突き進んで病原を極めることに恐れを抱くことは愚かなことと思っている。どこまでも徹底的に病に向かって、突き進んで行って医療の方法があるうちはどこまでも養生に勉むべきだ。しかしてしばしば命数の尽きる時には狼狽することなく、死を解決したい念願を持っている。

これが私の闘病術だと思っている。

なお最後に一言したいことは、世には医者の一回の診察さえ受けられない不幸なる人々も沢山あって、それらの人々の身の上に考え及ぶ時今私の述べたことなどは自分の幸福を物語っているようで、つらつら感謝の念に堪えないことだ。（十一月一日）

『星岡』昭和九年十二月号（五十号）所載

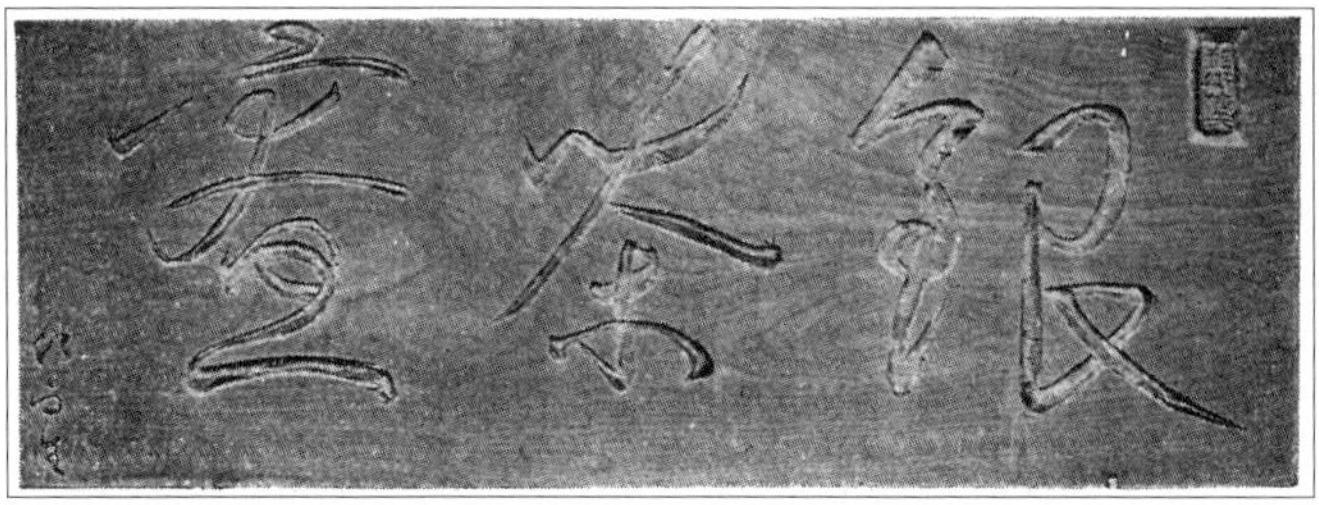

「銀茶寮」額　竹白筆

※「中村さんは多趣味の仁で、何事につけ器用であり、骨董方面も玄人だったし、名が竹四郎さんなのでそれをもじって竹白と号し、絵、俳句、書をよくこなしたが、中でも字はまことに美事で、良寛風の字を能くした。毎日茶寮で出す献立表は中村さんがよく書かれたものである。なかなか能筆なのでお客に所望され持ち帰って貰うことも始終あったようだ。」（「竹白さんのこと」木村栄二郎、『中村竹四郎』追悼録）

※「カルピスで有名な三島海雲社長が銀座四丁目の服部時計店の隣りに店をこしらえ、その采配を振ってやってくれないかとの相談をうけた。それで引き受けることにしたのだが、やがて三島氏が、どうも自分の仕事とは違うようだから経営もなにも一切引きうけてくれとのことで、ついに直営となったが、これが銀茶寮である。」（「中村竹四郎氏を偲ぶ」田中源三郎、同書）

大阪茶寮開設に就いての所感

およそ物が生まれ出るには、生まれ出るだけの素因と機会というものが必要である。いかに機会があるように見えても、素因なくしてはなにも生まれ出ない。素因もないのに、無理からに作り出したものは、あたかも根を切られた花木のようなもので、それはやがて枯れ萎むに決まっている。素因があれば無理をして作り出そうとしなくても、機は自ら熟して、種は芽をふくものである。芽をふかずにはいないものである。

大阪に星岡茶寮を開設するに至った経路をみて、私は特にこの感を深くした。以下少しく経緯を語ってみよう。

◇

もとより我々星岡茶寮同人は、茶寮を事業的に大いに発展させようとか、東京ではやるから、この勢いで大阪も席捲しようとか、そういう事業欲のようなものは、はじめから念頭にないのである。ただ星岡同人のモットーとして、常に我々の趣味を益々豊かにし、仕事を楽しみとして、内容を益々充実させようという念願を抱いているばかりである。だから、今度の大阪茶寮も事業的に大阪に進出しようというような野心から出たものではもちろんない。

確か東京の星岡を開いて二年程した時であった。さる関西の富豪が大阪に東京と同じ茶寮を開いてはどうかという提案を持ち込んで来たことがあった。しかもその時の条件というものが、必要な資金は出すが必ずしもそれで儲けようというのではない、損をしてもそれは当方で負担する、それでもし儲かったならば利益はすべて君の方に与えるという、すこぶる棚牡丹式な申し込みであった。

もし我々同人に、事業的な野心があったならば、すでにこの時に進んでその提議を受諾して大阪進出を試みたに違いないのである。だが先にも述べたように、我々とても元より利益がなければ事業が挫折するから、利益は必要であるが、しかし利益が第一目的で仕事をしているのではないから、こういう提議もぽんと断って、今日まで一意専心、ひたすら茶寮の内容充実に心を傾けていたのである。

大阪星岡茶寮　正門

しからば、今度はどうした機会で大阪茶寮をはじめることとなったか。

去年の六月頃のことであった。魯氏の知人であり、かつ今度大阪星岡茶寮となる家屋の所有者たる志方氏の友人でもあるという人が、曽根のあの家が非常に立派なものである。あの家を用いて茶寮を開いてはどうかという話を持ってこられた。そこでまず魯氏が志方氏にもお会いし、家も見たのであるが、人もよし、家屋もよしと言うので、それではということになった。魯氏が一応見て来られてから私も家を見に行ったが、魯氏がよしとされるだけあって、実際見事な普請であり見事な庭園である。写真でもほぼおわかりになるかと思うが、この曽根邸衆楽園というのは、先代の志方勢七翁がその豊かな芸術的天分を充分に発揮して、刻苦精励半生の長き歳月を費やして造営した所のもので、ほかに写真や説明もあることであるから、私はあえて贅言を費やさぬことにするがこれを一瞥したものは誰でもその建築と造園とあいまっての渾然たる一大芸術の力に動かされぬものはないであろう。

我々同人もこの家を見て、これならばよかろうという腹になった。それはほかでもない。故人の芸術と我々の芸術的感興とが正に一致したからである。いわば故人の芸術に我々が動かされたのである。だからこれこそは大阪に星岡茶寮の生まれ出ずる重要な素因であったのである。

七、八年前棚から牡丹餅のような提議があっても動じなかった我々は、ここにはじめて大阪

庭園より本屋を望む

星岡茶寮の開設ということを引き受けたのである。

場所が大阪郊外の曽根であるから、交通の点がどうかとあやぶまれたが、幸いに産業道路が開通したため、自動車で十二、三分もすれば梅田から達せられ、ビズネスの中心地今橋、高麗橋あたりからも十五、六分で達することができる。この道路の途中に平面交叉点を持たぬ快適のものでこれで交通の不便はまず除かれた。

だが、それにしても私達は後で考えてみればあまり簡単に引き受けた感がなくもない。この話が去年の六月のことで、今年の四月には開寮の運びに至るかと思ったのが、ついに秋まで延期されねばならなかったのを見ても、そのことは言える。

なるほど、家屋もよし、庭園もよし、交通もよし、ということにはなったが、いざ実際に茶寮を開くとなれば、またそこに茶寮として心の済むまでの諸設備をしなければならない。それは我々が初め考えたよりも、はるかに手のかかる仕事であって、完璧を期そうとすればするほど永びくのは、むしろ当然のことではあった。

いかに宏大な邸宅であるとは言え、個人の住居として造られたものであるから、日々相当の人員を自由に出入せしめ得るように、いわば内臓の取り換えを行い、配線、給水、給湯その他の一切の設備の改作、加工等々がまず行われた。台所の設備も一段と理想的にしたいことはもとより論をまたぬことではあるが、これらの改作については大阪の著名な料理店をみて廻ったが、忌憚なくいえば、一般に美とか雅とかいう点において我々を満足せしめるものがないので、どうしてもこれらも直接魯氏の指導下に行わざるを得ない次第となった。

その他食器にしても漆器にしても、これを既成品を買い集めるというのであれば、ただちに間に合うであろうが、これらもすべて魯氏の手になるものを用いねばならぬ。そうなると、鎌倉の星岡窯では、従来の窯では小さいというので、改めて大きな窯を築いて陶器を焼く。いわば窯から始めてかかった訳であり。また漆器は漆器で、これも自ら手がけるために、魯氏は加賀の山中まで出かける。これを要するに、大阪茶寮の開設に当って、魯氏の創作活動は俄然大多忙を極めた訳である。もし諸賢が大阪茶寮に駕《が》を枉《ま》げられるならば、ここの風呂場といわず、洗面所といわず、およそ水場と思われる所に用いられたるタイルが千変万化、種々様々な模様の夥しい数量に昇っているのを見て、一驚を喫せられるであろう。なお、大阪人士はメカニズムを好まれる向きがあるというので、風呂場の三助代りに、機械装置の洗身具を備えたごときも、あるいはひとつの話題となるかも知れぬ。

さらに衆楽園の庭は、これまた造園の極致であるとあえていい得る立派な寮であるが、このせっかくの庭も夜分来寮される会員に見えないでは面白くない。そこでこれに対しては特種な照明法によって常に光々たる満月の庭を見るごとくする趣向である。庭の溪川には、幸い隣地にある村有の蘆田ケ池の水を曳いて潺湲《せんかん》たる溪流をみせる。風流を愛する大阪人をして愛惜措く能わざらしめようという訳である。

庭園の一部

これを要するに、大阪星岡茶寮は、生まるべくして生まれたものである。先代志方勢七翁の遺作は当然取りあげらるべき人に取りあげられて、ここに新たなる装いを凝らして、世に見える訳である。そこにはなんらの無理も不自然もないのである。

なお、我々がこの計画を具体化しようとする当初にあたって、ちょっとした不安があった。それは大阪という土地で会員制度で料理を食うという組織が果たして可能か否かということであった。それは駄目だという考えの人もあったのである。しかるに、実際会員を募ってみると、開寮前から続々と多数の申し込みを受けたのであって、これはむしろ茶寮同人のことの意外に駭《おどろ》いたほどである。美を称し美食を愛し、高き趣味を解する人々の間に、いかに星岡というものがよく理解されていたかということを如実に見た思いで我々同人の深く感謝している次第である。

◇

大阪茶寮の開設は、大阪の人々のみならず。東京の会員諸子に対しても大変好都合であることを附言しておきたい。それはどういうことかというと、関西方面の料理材料を自由に東京に取り寄せることができるからであり、反対に東京の材料も関西に送れる、すなわち材料の相互交換を甚《はなは》だ自由に行い得るということである。

一般に瀬戸内海から豊富によい魚が取れるので、これをなんとか迅速に東京に持ってくる方法はないかと従来も随分心がけたのであるが、出張員くらいを派遣しておいたのでは、そう自由に思うようにできない。しかるに今度は、毎日客の数も打ち合わせられるし、漁の状態も判明する。その点まず満点といえる。

また関西の人々にとってみても、東京でなければ食べられないような、特種の材料も大阪にいながら自由に食べることができるのであるから、その意味において大阪星岡茶寮の開設は、両地の会員の口に益々うまいものを運び得るという便宜を得たものと言えようと思う。

◇

最後に我々星岡同人は、星岡でなければならないものを持っている。これは我々が東京にいようと大阪に行こうと変わらない、変わり得ない我々の持ち味である。けれども、それだからと言って我々は郷に入っては郷に従えの教訓を知らないものではない。我々は大阪星岡において、大阪における我々の仕事ぶりというものを自ら造りあげるに違いない。

それについても、色々述べたいことはあるが、しかしいずれわかることであるから、それがどんな風に実現されるかは大阪茶寮へのご来駕をまって、ご覧を願うこととしたい。

幸いにおおかた貴顕《きけん》のご賛同を得て、会員を充実し得ればと希う所である。

『星岡』昭和十年十月号（六十一号）所載

二階大広間

美食倶楽部以前

星岡十周年を迎えて、何か思い出話をせよと言う編輯部の注文に接して、さて何をとなると色々話があり過ぎて、かえって纏《まとま》りがつきかねる。現在の星岡の淵源は美食倶楽部だが、美食倶楽部のことはほかに人もあろうから、思い切って古く、美食倶楽部になるまでの経緯でも語ってみよう。

僕が北大路君を知ったのは震災の六年程前だから今から十六、七年ばかり前のことだ。ある時京都の兄が上京して、駿河台に北大路という面白い人がいるから、逢ったらよかろうと言うので、夕方兄に連れられて一緒に行ってみた。

夕食に行った訳である。行ってみると、北大路君の夕食というのは、今も昔も同じこと、ビールの満を曳いて談論風発、舌端火を吐かんばかりで議論の熾《さか》んなことといったらない。兄とは昔からの莫逆の友だから、兄の姿をみるといきなり議論を吹っかけて、たたみかけての談論にすなわち口角泡を飛ばすという状態であった。後から考えてみれば、それは北大路君としては茶飯事だが、初めてそういう所を見たのだから、私は非常にびっくりし、かつ非常に面白く愉快に感じた。当時は北大路君もまだどこか書生方の方であったが、しかしその時分でも部屋飾りや何かは実に入念であった。古いことだからはっきりしたことは覚えていないが、半折に杜若を描いたものが掛けてあったことを覚えている。また敷物が非常に立派であったので、おそらくそのことを僕が言ったのかも知れぬ。ねだんを幾らだか当ててみろ、というようなことを僕に言っていた。北大路君はそういうことを言って人をからかうのが昔から好きなので、そんなことも今思い返してみると昔も今もまったく同じである。

ともかくその夜はすんで、私たちは翌日軍艦を見ると言うので、横須賀の知人の所へ行った。するとそこへ北大路君から、これからすぐ行くという電報が来た。私はそれをみて非常に感心した。というのは、昨夜座談のうちに横須賀へ軍艦を見に行くという話が出た時、北大路君が俺も一緒に行こうという約束をしたのである。しかし約束したとはいうものの、もうその時はずいぶん酔った上での話でもあったし、それほどかたい約束でもなかった。だから、私としてはよもや来るとは思っていなかったのである。それをちゃんと覚えていて電報を打ってやって来たので、私としては実に奇異な感に打たれ、いい意味での変わった人だと思って感心した。その後交際《つきあ》ってみると北大路君はなかなか約束をしないが、一旦約束したことは必ず実行する。口にしたことはどこまでも実現する、その最初のあらわれがこの横須賀行きであった訳だ。

その後私は駿河台へ繁々《しげしげ》と遊びに行くようになった。行くとさあ坐んなさいという訳でそれから色々話をする、というよりも色々な話をして聞かせる。話は主に芸術とか、美術とかいう話で、特に内容と技巧ということについて懇々《こんこん》と説いて聞かせる。私はそれまであまりそういう芸術論など知らなかったから、ひどく感心して聞いたものだった。当時私はある人からお経の話を聞いていたが、楞伽経《りょうが》のなかに、心に二種の根本あり、ひとつを無上菩提涅槃元清浄の体、ひとつを攀縁《はんえん》の心云々ということがある。これが計らずも技巧と内容という北大路君の話にぴったり合うように思われて、そのことを今でもはっきり覚えている。

前にそういう美の話などを人から聞かされていないだけに、私の北大路君から受けた当時の感化は大きなものであった。

私も元々美術は好きな性質であった。そこへ持ってきて北大路君一流の熱と力とで美術趣味を注ぎ込まれた訳だから、私はまったく北大路君かぶれがしてしまった。さあそうなると、当時やっていた美術印刷の仕事(1)などというものが次第に嫌になって、もっと直接に古美術などに触れる仕事がしたくなってくる。だいたいそういう経路をとって、それでは美術展覧会をやったらどうだというのがはじまりで、ついに大雅堂という古美術店を開くことになった訳だ。

いったい北大路君の話は非常に精密で、聞いていると微に入り細に入り、よくそんなことまで気をつけて見ていると思うことがよくある。仮に細かい所まで見たとしてもまたよく後々まで頭に入っているものだと思うことがよくある。

やはりその時代であった。ある時泥棒に這入《はい》られた話をしたが、その話が実に詳しい。その時の自分の心理状態や泥棒の様子や、一部始終を事細かに語って聞かせる。誰だって泥棒などに這入られればたいがいのものは気も顚倒してしまって後からはその時のことなどわからないものだが、それをいちいち巨細に覚えていて話すのである。私はそれを聞いて、なるほどこういう精密な視察力を以って美術を鑑賞しているから、ああいう美術論が出てくるのだ、北大路君の話にはまちがいはない、という風に、いわば泥棒の話を聞いて彼の美術論を信用したようなこともある。

話が一面的になり過ぎたが、何も芸術的な話をしたばかりではなく、北大路君の生活そのものがすでに当時からひどく僕を感心させた。まず部屋が非常に綺麗に整っていて、書画骨董を飾り、その時分から時代の好い味になっている紫檀の卓などを据え、花瓶にはいつでも新しい花がさしてあるという風であった。そしてよくご馳走をする。言ってみると、古九谷風の鉢にキャベツの葉を敷いてその上に上等の生肉やハモを綺麗に並べておいて、自分で料理してご馳走するが、それがうまいことはもちろんだが、うまいばかりでなく、いかにも美的に工夫されているのにいつも感心させられる。

うまいものといえばこの時分よく料理屋という料理屋を食い歩いた。鴻の巣(2)などへはほとんど毎晩のように一緒に出かけて行った。あんまり行ったものだから終いには鴻の巣の親爺さんとも懇意になってしまって、果てはこの親爺さんを引っ張り出して、またほかへ飲みに行くようになった。この人もまたかなり趣味的の人で自分で画を描いたりするものだから、北大路君に認められて、これまた芸術を談ずるようになってしまった訳である。

ちょうどその当時の事である。京都の大市のすっぽんがうまいが、東京にはああいうのがない。あれを東京でやったら受けるに違いない。どうだひとつ君やらんか、そうすれば我々も京都まですっぽんを食いにわざわざ出かけて行かなくてもいい、というような話を北大路君がこの親爺に持ちかけた。

すると鴻の巣の親爺もそれは面白いさっそくやろうと言う。そこで、友人の野田一貫堂(3)の家作を開けさして、さっそくすっぽん料理の店を出した。料理法は北大路君が指導して料理人を養成し、僕が友人の縁故を引いて羽左衛門や何かを引っ張ってきて宣伝したものだが、時勢もよかったためもあろう。これが大いにはやった。ところが、はやってくると鴻の巣の親爺も元々商人だから算盤ばかりはじきたがる。そのためすっぽんの原料をおとすようなことをやる。北大路君は、あくまで原料を精選して、よいすっぽんでなければいかんと言うが、なかなかそれをやらない。そうなると北大路君のことだからぽんと匙を投げて、ここに縁が切れてしまった。元々面倒を見てやったようなものの利益の分前を受けている訳ではないから、そこはあっさり投げてしまった。でこのすっぽん料理も結局大したことにはならなかったが、しかし今でも日本橋でやってはいる。

そんな有様で鴻の巣とかプランタンとか、そんなような当時のカフェをずいぶん盛んに呑み歩いた。鴻の巣が午前二時までやると言うから二時まで飲もうというようなことで結局それが三時になってしまう。しかも当時のことだから自動車賃などはお互いに持っていない。私は京橋の方にいたから近いが、北大路君は南伝馬町から駿河台まで相当の距離を歩いて帰ったものである。外套をかぶってテクテク帰って行く姿を今でも思い浮かべることができる。

こういう風に二人で実によく方々を食い歩いたが、しかしどこへ行ったからとて、なかなか北大路君の満足するような料理のある筈はない。あそこへ行こうか、ここにしようかと考えた揚げ句は結局家でやろうということになる場合もある。ことに交友を招いてご馳走でもするとなると、自分で料理してご馳走する。そういうことが元々好きでもあったのだ。そんな場合にはよく僕がお客の前座をつとめ料理が八分通りできてしまうと自分も席に着くというような風であった。この時分から料理の材料などは非常に厳しく、たとえばトロならトロを須田町の丸銀という縄のれんまで行って買ってくるとか、牛肉ひとつ買うにも自分で出かけて行って、肉屋の親爺にここを切れとか、あそこを切れとか八釜《やかま》しいことを言って買ってくる。電話などで註文するということはまずなかった。

美食倶楽部以前の大雅堂

まあ細かい話をすれば色々あるが、こういう風な交際が前後三年も続いた。そのうちに前にちょっと言ったように、僕もいよいよ北大路趣味になって、美術印刷の方の仕事がいやになった。そこで大雅堂[4]といった美術店を始めた。これが大正九年の一月一日のことであった。好況時代の末期で世間に金がうなっていたから、この店が非常にうまくいった。こっちは特にそれで金を儲けようというのではない。むしろそんなことでもしたら美術品が思うように鑑賞もできて、それだけ得だというような心算である。元々商売に経験がある訳でないから、それで金が儲かるものやら損をするものやら初めはあまり確たる成算はなかった。ところが今言ったように世間が好景気だから、商売が波に乗って、店さえ開ければ金が儲かる。自分の好きな古美術を鑑賞しながら金が儲かるなんてこんな面白いことはないと思った。

ところが、いつまでもそううまくはいかない。三月十五日に戦後の第一回暴落があって、例の倒産算なしの大恐慌がやってくると、商売がばったり停ってしまった。美術品というものは、生活の必需品とちがって、不景気となると真っ先に影響をうける。そこで毎日遊びとなってしまった。もっとも遊ぶには困らぬ連中ではあったが、それでも一年もすると飽きてくる。第一食うこともしなければならない。うまいものがよそにないとなると、またまた、北大路君が「僕がやるかなあ」ということになる。そうしてうちで料理を拵えて食ううちに、店の骨董品の食器類を壊さぬようにさえ使えば、使ってもいいじゃないかと言うので使い出した。こんなことはいかに富豪でもちょっとできない破天荒のことだから、こういうご馳走を食ったものが、いつの間にかそれからそれへと話に伝えたのでもあろう。こういう食器でこういう料理を食わしてくれんかというような話が持ちあがってきた。するとそれは面白かろうと言うので、これが動機となってここに美食倶楽部が生まれ出たという訳である。まあ今回はこのくらいにしておこう。

『星岡』昭和十年十二月号（六十三号）所載

1　美術印刷の仕事：印刷会社「大参社」。次兄弥二郎が、便利堂を長兄弥左衛門にゆずり、明治三十六年に東京で出版社「有楽社」を興す。生来病弱であった竹四郎は、明治三十八年高等小学校卒業機に鎌倉へ転地療養、翌年にはやや健康を持ち直し、同年十月に当時十代半ばで有楽社に入社、写真記者として活動を始めた。明治四十五年に有楽社が倒産すると、同社の出版物の大売捌元のひとつであり、竹四郎の人生学の師匠でもあった新橋堂主人、野村鈴助氏の仕事に参画することで再出発し（この時、今では定番となった「卓上カレンダー」を竹四郎が考案し、大いに利益を上げたという）、大正三年には有楽町に大参社印刷所を始める。雑誌「星岡」も創刊から最終号まで大参社が印刷を行っていた。

2　鴻の巣：京橋南伝馬町二丁目（現 京橋二丁目）の西洋料理屋・カフェ「メイゾン鴻之巣」。主人の奥田駒蔵（一八八一～一九二五）は、京都府久世郡（現 城陽市）寺田村生まれ。「鴻之巣」の名は、寺田村近くの丘「鴻ノ巣山」にちなむという。京都での見習い時代はすっぽん料理屋で修行していたこともあり、すっぽん屋（店名「まるや」、大正八年開業）の開業話が盛り上がったのはこのあたりの事情が察しられる。鴻之巣は大正二年、それまでの日本橋小網町から木《き》原店《わらだな》（現 日本橋一丁目）に移転、さらに大正五年に南伝馬に再移転する。竹四郎が魯山人と出会うのが大正六年、大雅堂美術店の開業が大正九年であるので、よく出入りしていたのは、この南伝馬の店であろう。

3　野田一貫堂：友人でのちの大雅堂の大家、野田峰吉。宮城県出身で一貫堂という薬屋を経営していた。その長男・利衛は洋画家・野田可堂。可堂は、魯山人の世話で三歳の時から魯山人の師であり町内に住む書家・岡本可亭（漫画家・岡本一平の父、美術家・岡本太郎の祖父）に書を習い、日本画家・山岡米華に師事する。魯山人は可堂に印を造ったり、峰吉とふたりで京都にて書の会を開いたりとずいぶん面倒を見たようである。竹四郎と魯山人との裁判沙汰の際、峰吉はやむを得ず竹四郎側に立ったのであったが、その後怪我がもとで寝たきりとなり、それを知った魯山人は、鎌倉から時折、米、自作の器に入れた漬け物、美しく盛り合わせた野菜などを届けさせて見舞ったという。峰吉の葬式には魯山人も竹四郎も肩をならべて参列した。

4　大雅堂：京橋東仲通り南鞘町（現 京橋二丁目）の角、大家の一貫堂の真向かいに位置した、間口三間、奥行五間もないくらいの小さな二階家。二階の八畳間で魯山人と竹四郎が寝起きしていたという。

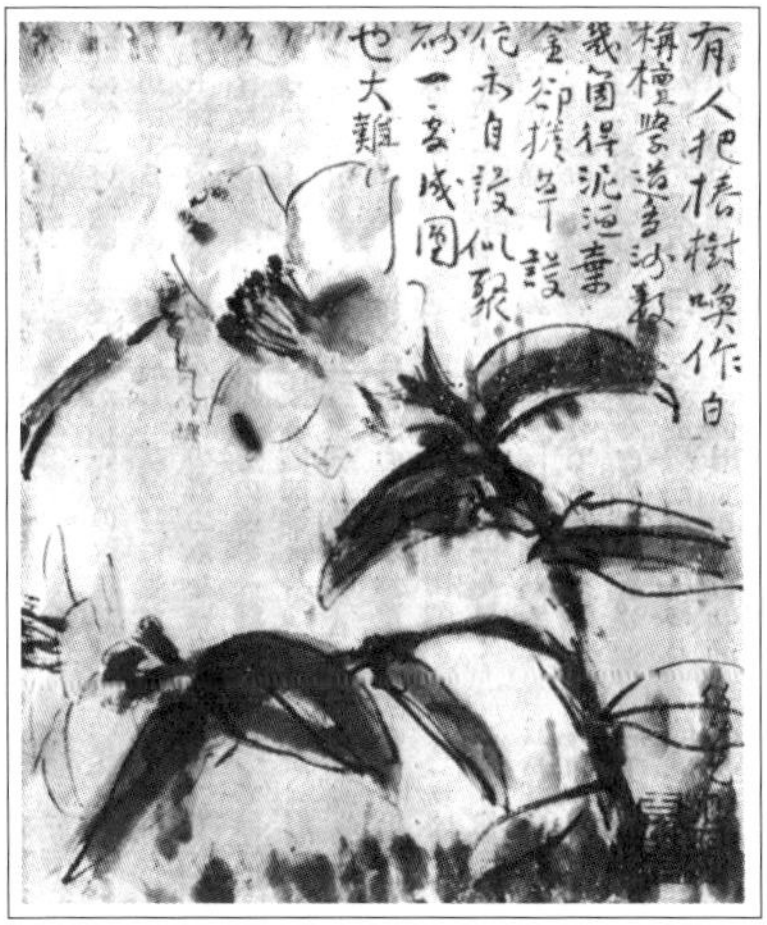

白椿　竹白筆（『星岡』六十七号）

往還漫言

往還漫言

東京と大阪は今は寝台列車の一睡でつながっているから、人によっては距離がないともいえる。僕もいつの間にかその仲間に入れられたようだ。しかし僕は本来は寝台車は好まない。安眠しているようで安眠していないことを覚える。医者にいわせると寝台車では潜在意識が働いて絶対に安眠は得られないものだという。その上鼻口に煤烟の黒いやつが残るのは実に不愉快だ。早く全線電化になることを望む。寝るのは結局畳の上がよい。

◇

そこで六月のある日、久々で燕に乗ってみる。見なれている東海道の山川もまた目新しくも見られるし、植え付けを終わった田の浅みどりの色も美しく、梅雨の天は晴曇相半ばし、映画のフィルムのように次から次と、局面の展開があって、まったく飽きることを知らない。旅行好きで自然に親しみを持つ僕だからかも知れないが。

読みたいと思いながら、読み得ないで鞄に忍ばせてきた書物を引き出して、読むともなしに見るうちに軽い疲労を覚えて、しばしうとうと睡りにまかせることなどは忙しい事務所などにあってはなし得ない車中の楽しい処だ。

梅雨空の富士やまかくる展望車
鉄橋に梅雨を流す河を見る

◇

燕の食堂車の洋食は美味しい。燕のでき初めの頃は特にうまかった。この味のために、無理に燕に乗りたいとさえ思ったことがあるが、この頃ではぐっと落ちた。あるいは司厨が更迭《かわ》ったのかも知れない。興津、蒲原のあたりを走るころ、左の窓側に席をとって手のとどきそうな波頭、足も洗われるかのごときそこの浜辺を眺めながら、ビールの小瓶一本に陶然たる処は、これもまた汽車の旅の楽しみのひとつかと思う。

◇

次には桜に乗った。暑い暑いお盆の七月中旬の午後一時半、東京発、発車しない前にすぐと洋服をぬいで肌シャツ一枚になってしまった。ほかを見ると昼間というのに寝衣のような浴衣に着替えてしまう人もある。無作法なんて言う場合でない。涼しくて楽なことが何よりらしい。発車の頃は凌ぎよかったが午後四時頃からはさすがに灼熱の太陽は鋼鉄の客車を焼きつくすようだ。車内もぐんぐん温度が上昇して、窓を洗う風も今は冷たくはない。乗客は満員また満員だ。浜松の駅に入った瞬間の暑さは忘れたくも忘れられぬ記憶だ。

駅に入りて停るや汽車の暑さかな

◇

名古屋を過ぎて夕日も落ちかかったので、食堂に出かけてみる。列車食堂は燕のほかには匙を投げているから何を食ってよいのかメニューを見てもわからない。人の喰っているものを見てそれを持って来いなどと言っても結局同じことだ。ただうれしいのはビールの味でこれだけは大丈夫。

◇

しばらくすると隣席にインテリ風の若紳士が腰を下した。この若人はチーズとビールを注文した。喰べてしまうとコールビーフを誂えた。ここまで麦酒一本を空けた。次にアイスウォーターでチキンライスを二人前平らげて、腹のできたような顔をして帰って行った。

美味いもののない、この食堂で筋の通った要領で食事をしたこの若人に私は敬意を払うよりほかなかった。顧みて私の食ったものなどはしどろもどろで恥ずかしかった。

◇

沼津市鳥瞰（400米の低空より）

八月一日、同日は何年振りかの暑さだと測候所は調べている。夏の旅は涼しさの点において結局空の旅に限ると思った。前日から申し込んでやっと手に入れた一枚の航空切符、発航？の午前十一時三十分の三分前に羽田飛行場に疾《はし》り込んだ。六人のお客中五人はもう席におさまっている。僕は残された左側の最上席、窮窟な椅子に大きな身体を置くと、もうプロペラーの爆音だ。見送りのもの達が呆気にとられているうちに中空に舞い上がった。

鈴鹿峠付近　畳々たる層雲（2000米）

大井川上空　帯状をなせるが大井川（2000米）

◇

今まで数回の経験は危険な感念を捨てさせていた。十年前朝日新聞社でやっていた頃に比べると、機体はさのみ立派ではないが（ほかにはどんどん優秀豪華なのがあるが）操縦振りは格段の進歩で、上昇にも下降にもほとんど不快感は伴わない。ある程度に上昇すると、あとは空中に二本のケーブルを渡してその上に車輪のあるものに乗って走っているような安定さである。爆音の喧《やかま》しいのだけが禁物だ。

◇

熱海の上を越えた高度は五〇〇メートル以下だ。江の島も大磯も、海水浴場も温泉場も手にとるように眼界に明療だ。あまり低空ばかり飛ぶから筆談で航空士に尋ねてみた。下り便は上層は向かい風が強いからとの返事。これでは涼しくもないがやむを得ぬことかと諦めていたら、今度は航空士から「あまり暑いから窓際に備えてある、空気弁を調節して涼をとってくれ」と言ってきた。何！　篦棒め、幾ら風を入れたって、埃がないくらいがましで、涼味なんかあるものかといささか憤慨「もっと上空を飛んでもらえないか」と丁寧に頼んでみたら「オーケー」と来た。

それからは上昇上昇、高度計はぐんぐん上がる。一五〇〇―二〇〇〇を示す所になると、良寛の詩だと爽涼八九月という処、富士ならば六、七合目、日本アルプスなら白馬尻のあたりか、あいにく富士は密雲に閉ざされていたが、涼味万斛、肌はサラサラと気も清らかになってしまった。

◇

沼津を越えて駿河湾の弓状を弦のごとく直線コースを進む。高度二千メートル以上から下瞰すると、汽車も、自動車も、動は止んで静に帰するを見る。海上の波浪などは青ガラスの上に白レースを置いた程度だ。

地上の動乱や争闘も天界に静の姿が伝えらるるのみなどと考えさせられる。

◇

欧米には食堂のある大旅客機があるとのことだが、ここにはサンドイッチとコーヒー一瓶が、網棚にあってサービスされてあるのみ、貧弱だ。しかし僕らは誠に天恵と言うべきか、寸珍の折箱には佳肴を詰め、鮎の寿司まで添えてある。さらに灘の銘酒は魔法瓶に冷々として貯えられて、天空の食事のために用意されてある。膝上の小鞄を卓として今や珍味の折は開かれ、冷酒はおもむろに血管に流れて身心を怡悦《いえつ》せしむ。天空莫々、夏空奇峯を隣とし、時に行雲に乗じ、流水を俯瞰し、想を天外に馳するの壮快、言辞に絶す。

終わりにこの幸福を余一身に受けるにはあまりに勿体ない。同乗の二、三子に頒ちともにしたことを記してこの筆を擱《お》く。

空の旅に鮎鮓の香をよろこべり

『星岡』昭和十一年十月号（七十一号）所載

箱庭の如き　生駒山公園地（1500米）

※この空の旅に同乗したひとりと思われるのが、漆芸家二代辻石斎氏。竹四郎の追悼録に寄せた文にこの時の事と思われるエピソードがある。

「(略)日本の国内空路がひらけてまもなく、中村さんと私は、東京から大阪までを飛行機で行くことにした。当時の羽田は今の国際空港にくらべて極く粗末なもので、そこには六人のりの飛行機が私達を待っていた。

生まれて初めての私は、和服にトンビコートを着て白タビに下駄ばきで、中村さんは洋服にカメラを下げて、当時では最高のハイカラスタイルで、星岡茶寮の美人連の見送りをうけて出発した。

機内はものすごいばく音で、話はとだえ、すべて紙とエンピツでやりとりした。眼下は箱庭のようにととのった箱根の山、そして珍しく晴れた景色を空の上からながめて、一気に名古屋という時、私は何か耳に異常な痛みを感じて不安になり、とにかく降りる決心をしてしまった。中村さんはそのまま大阪まで無事着かれたが、この私達の初めてのった飛行機もそれからまもなく、事故でつい落したときいて二人の寿命のあったことを喜び合ったものである。

人間の縁とはずい分不思議なもので生まれる時からきまっているというが、中村さんと私は知己以外に心の中に通うものがあるように思えてならない。

老後の中村さん夫婦は鎌倉に余生を楽しまれたが、私は春秋何回となく、この北陸から鎌倉へ伺ったものである。そして好きな古美術談議に花を咲かし、語り合い、画をかき字をかいて楽しんだ。私の下手な画によく字をかいて下さったものである。亡き中村さんの筆のあとを、私は今もかたみとして大切に持っている。

中村さんはよく「辻さん、飛行機で一度、北極へ行ってみたいね」と言われていたが、命あって、もっと若ければきっと北極の空を旅行できるであろうにと、今は亡き中村さんといつも心の中で語り合うのである。」(「旅行記」辻石斉、『中村竹四郎』追悼録)

大悲閣のおもいで

この間大阪茶寮で秋一日の旅行会を催した。能勢の妙見に詣でてそれからバスで丹波路を亀岡に出て、ここから保津川下りをやった。

妙見さんといえば幼少の頃今は亡き母が、三日がかりでお詣りをしたこと、とてもあらたかで功徳速顕なことも聞かされていて、その記憶が今なお消えずにありながら、ついぞお詣りをする機縁がなかった処だ。今は電車とケーブルで難なく登ることができるだけ、あらたかな功徳のほどもそれだけ薄らいだような気がする。登山は背に汗をする苦しみあって真の味があり、神詣でもかかる苦難の旅路を経て初めて敬虔の念も起きる。ここは西身延といわれるだけあって、山頂の展望さすがに広く、重畳たる奥丹波の山々が一眸のもとに見渡される。折ふし微雨は雲霧を伴うて全山に一段の幽邃を加える。道者のための宿舎も寂びて、古刹の感は深い。日蓮宗のお題目の音に和して、細君らしい人や、みすぼらしい洋服の男や、道者のような人など手に手に数え竹を持ってお堂巡りのお千度さんをしている。この人たちはケーブルに乗らないで登ってきた人々かと尋ねてみたかった。

乗船場（昭和十一年九月二十日）

◇

亀岡まで丹波路のバスは十六哩《マイル》、山間の風光を賞する約一時間のコースである。沿道のいたる所に栗の実の累々たるを見る。窓から手を伸べれば正にこれを掴むこともできよう。しかも毬実の大にして、量の多きことさすが世に丹波栗の名あるも宜《む》べなるかなと思った。このあたりでは子供の栗盗人もないらしい。

若年にして故郷の地を離れた僕には丹波路も初めての旅である。寒い晩に静まり切った京都の街々を、車の音を軋らせながら「焼き——丹波ぐり、丹波ぐり」と売り歩いていたその売り声が物悲しく響いたものだ。その頃の丹波栗やは今何をしているだろうと思った。

◇

保津川は雨であった。びしょぬれにならない程度の細雨は却って興趣を添えたと言えよう。保津川は幾度か下っているので私にとっては、さほどの期待もなかったが、それでも瀬を走るの快、千変万化する山容水態の面白さは、やはり飽かぬ眺めで、本当の清興とはこのこと

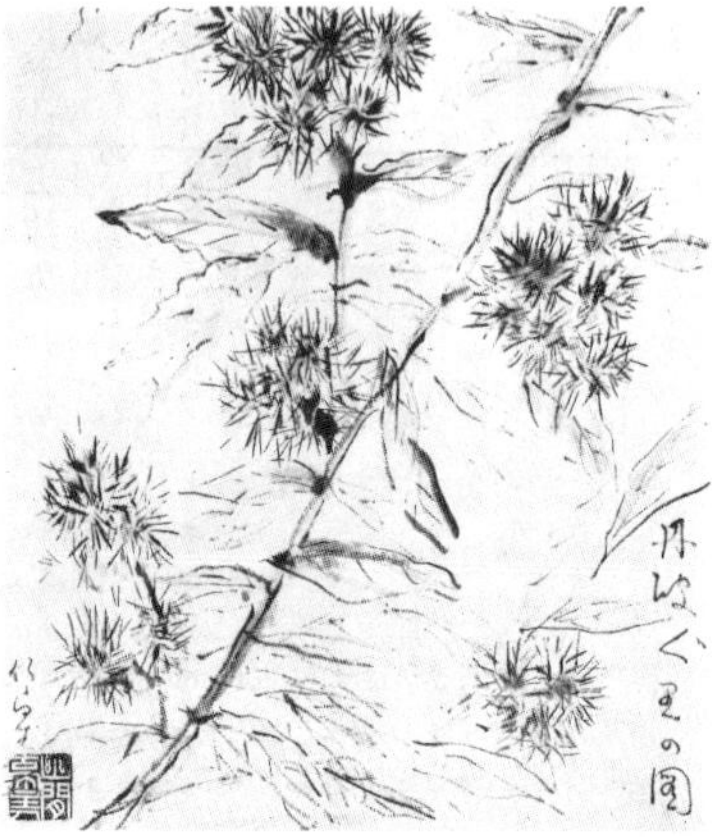

丹波くり　竹白筆

であろうと思った。

嵐峡館の下に舟を捨てる。「花の山二丁登れば大悲閣」と芭蕉句碑がある。一浴してその大悲閣に登ってみた。大悲閣の住職とは旧い知己である。ここへは、これも幼少の頃母につれられてきて、保津川の開鑿者、角倉了以の像が奥まった一室に安置せられてあるのを見たことがある。痩身で眼を光らしていたのが恐かったことを今にはっきり覚えている。この頃見ると、立派な桃山期の彫刻で、充分国宝の価値がある。そしてまたこの住職の名が四海春応と言って珍しくいい名だという記憶も未だに消えない。この春応さんと私の兄とは年頃も似ていて、未だに交遊しているが、その因縁は深いことだ。今からおよそ五十年前、兄が十七、八歳の頃脚気に罹って、ここへ滞在し養生したことがある。ちょうどその頃、保津川に未曽有の大水が出て、渡月橋が流失するやら、河畔の人家が浸水するやら、何かに不便なその頃のこととて一週間も交通が途絶えてしまった。この報せが京都の宅へ伝わって母が案じて次兄に米と味噌を背負わせ、七条街道を西に嵐山の裏山伝いにようやく辿りつかせたことがあった。これらの話は母から幾度聞かされたことであろう。こんな幼時の記憶が必ず浮かび上がってきて、大悲閣にはいつも深い思い出が残る。

◇

良寛の詩に

我れ大悲閣に上《のぼ》り　頤を支えて雲烟を眺む
長松何ぞ落々たる　清風万古伝う
下に竜王の水有り　底に徹し浄くして痕無し
為に報ず住来の者　ここに来たって心顔を照らせ

というのがある。この詩に見える大悲閣は嵯峨ではないらしいが、私には四囲の景色や何かがいかにもこの嵐山の上を彷彿せしめていると思われてならない。頤《おとがい》を支えて雲烟を見る、彼方に京の街々が見降ろされ、遙かに比叡の峰を望み、左方双《ならび》ヶ《が》岡《おか》のなだらかな姿、御室《おむろ》の塔も小さく見える。

故郷には古い思い出が沢山あって、いつしか自分も年をとったことを覚える。

『星岡』昭和十一年十一月号（七十二号）所載

山中定次郎翁を憶う

山中定次郎翁が卒然として逝去された。

山中翁とは近々ここ五、六年来のお近づきに過ぎない。もちろんそれまでといえども古美術展覧会を上野で開催するたびに星岡茶寮を利用されていたから、この古美術界の巨人の名前にはしばしば接し、特別な親しみを抱いていたのであるが、単にそれだけで個人的なお近づきではなかった。

先年上野に古九谷と伊万里の展覧会を開催せられた時に、その目録を京都の便利堂に注文せられたので、急に交渉もふえ、ご昵懇になるにしたがって色々とお世話になるようになった。山中翁とおつき合いしてまず第一に感じたことは、山中翁ほど上によし、下によしという人はあるまい、と思われたことである。世間には上に気受けのよい人もあれば、下に尊敬されている人もある。しかし上によい人はともすれば下にはそれ程よくない。反対に下に厚く下から慕われる人は、ともすれば上から相手にされない、というようになりがちである。しかるに翁はそうでない。いかなる名門貴族との交渉応接も実に堂々として立派であったが、下の人に対しても同じようによく礼を尽くされた。翁と交際する程のすべての人がいつも翁を徳としていたのはまったくそのためであったろうと思う。私などから見ると、この大徳が翁のいかなる悟りから生まれ出ているのか、それは誠に不思議にさえ思われる程であった。実際世の中は複雑なものでよほどできた人でも多くの中には誰かしら悪口を言うものがあるものだが、私は今日まで山中翁に対する悪口だけは何人からも聞いたことがない。それ程翁はよくできた円満なる大人格であった。

翁はまた美術を通じて長年国際関係の融和を図られた点においても比類のない大きな足跡を残された。近くは昨年末より今春にかけてロンドンに開催された国際支那美術展覧会において、また今秋開催されたハーバード大学三百年記念日本美術展覧会に際して、翁が陰から非常な努力をされたことはまだ我々の記憶に新たな所である。

その他海外にあって国際間の美術問題の起こった場合、外国の当事者との間に立って種々斡旋せられたことは数限りないことである。今日欧米人が東洋美術、ことに日本美術について色々鑑賞研究するようになったのは、誠に翁に負うところ甚大であると信ずる。翁

が単に山中商会の柱石として日本美術界の恩人であったばかりでなく、東洋美術の紹介者として世界美術界の大人物であったことは今さら私などの言を要しない所である。

◇

翁は不思議な力の持ち主であった。仏像にもせよ、書画にもせよ、陶磁器にもせよ、浮世絵にもせよ、屏風にもせよ、その他金石でも、民芸品でも、一度翁の息がかかるとすなわち活々として、我が古美術界の最前線に押し出され、美術趣味界の寵児となって持て囃され、鑑賞され、そしてすなわち広く普及する。この意味で翁ほど美術思想を普及し、美術愛好者をつくり出した人はあるまい。世に仏像を愛する人は多い。書を愛する人も多い。絵を愛する人も多い。陶器を愛する人も多い。だが翁のごとく、そのすべてに渡って、これを愛し、よきものをよしとして、率先してあらゆる古美術工芸を取りあげた人はあるまい。趣味の広範囲にして偏《へん》せざるこれまた翁の特長であった。

◇

さらに一度翁と席を同じうした人なら誰でも感ずることは、その天才的な話術のうまさであった。これは単なる話術ではなくもちろん翁の風格の致す所であるが、超越したと言うか、灰汁ぬけしたと言うか、その比喩、諧謔、洒落はまったく、人の言わんとして言い得ざる所を言い、聞く者をして思わずも破顔大笑せしめる。これ誠に翁の洒脱な天稟《てんぴん》の致す所であって、上下こぞって翁との会同を楽しみとする風を生じたのは、ひとつはまったくそのためであったと言っても過言ではあるまい。

◇

翁と根津青山翁とは人も知る無二の親友であったが、ある時私が青山翁にお目にかかっていた折に、翁はしきりに山中翁の来訪を待っていた。何か事情があったのであろう。山中翁の来着は、結局約束の時間より三十分程遅れたのである。待ちこがれていた青山翁は山中翁の顔を見るなり「今君の捜索願を出そうと思っていた所だ」と言われたので、傍らで見ていた私も両翁の仲を甚《はなは》だ羨しく感じた次第であるが、以って山中翁がいかに深く知人の間に待望されていたかがわかると思う。

◇

翁はまた些細なことでも約束を非常に重んぜられた。私はある夜に招かれて築地の料亭で歓を尽くさせてもらったことがある。談偶々《たまたま》星岡茶寮のことに及び、明日昼頃客人を連れて星岡へ往こうと言い出された。その時はすでに主客ともに大分酩酊していたので、気にもとめずお座なりの返事をしたが、翌朝気懸りになるので、電話をかけてみると、これから出掛けようとしていた所だとの返事だった。総てがこの調子で、一度諾と言われれば決して間違うことがなかった。

◇

およそ大事業を為す程の人には例外なしに共通する所ではあるが、翁も無類の活動家であった。あの七十翁が月に幾度となく東京大阪間を往復するさえあるに、毎年年末から新年にかけて南北支那に往かれるのを常としておられた。その鑑賞の幅の博《ひろ》さと同じように翁の生活も洋の東西に及び、まったくの世界人であった。

◇

そんな訳で翁の姿は常に活動の中にのみ見られ、なんら老人という感じを与えなかった。この人が逝去されるなどということを私達はついぞ考えてもみなかったのである。それだけに翁の逝去は卒然たるの感なきを得ない。聞く所によると事実は長く苦しまれることもなく永眠せられたという。これいかにも超然たる翁に相応しき大往生であって、私どものわずかに慰める所である。ここに慎みて深甚なる弔意を表する次第である。（昭和十一年十一月二日）

『星岡』昭和十一年十二月号（七十三号）所載

昭和八年十月七日星岡窯訪問
(「根津青山翁を星岡窯に迎う」『星岡』三十六号、同記事にも同様の写真を掲載)
前列中央が根津氏、向ってその右が山中氏、左が魯山人。左端が中村竹四郎。竹四郎と魯山人が一緒に写った数少ない写真のうちの一枚。

四十年前の正月

私は時々自分の机の抽斗《ひきだし》を掃除する。初めは大切だと思った、書類や、手紙の類が、抽斗を掃除する頃には大抵不用になったり、不用のように考えられて、どしどし屑籠に落とされる。これが忙しい年の暮れであっても、フトした探しもののついでから行われる。そして古い手紙など念のために読み返したり、つまらぬ広告などにも読み耽ったり、それからそれへ思い出の断想が限りなくつづいて、お蔭で抽斗の中は急にからりとなって、気分も朗らかだが、忙しい小半日を台なしにしてしまうこともある。

先日も危うく屑籠に落ちる小さい年代考が出てきた。何心なく繰っているうちに、ふと妙なことを考えた。

年号の始まった大化元年が、今から一千二百九十年も昔のことで、皇紀二千六百年のちょうど半に位する。その大化の時代の世の有様はどんなものであったろうか、もとより私は知らない。まして、それ以前の世のさまは……しかもこの長い長い時の流れに比ぶれば、私の四十数年の短い生活は、まったく渺《びょう》たる砂の一粒に過ぎないが、その間にも人の世の流転の相を思わしめるものがあまりにも多い。

　それにつけても思い出されるのは、私の幼少の頃の正月のことである。ちょうど、今から四十年前、伝統の都、京都の正月は、十二月十三日の新年事始めを、歳徳《としとく》さんの神棚に設ける時に始まる。歳徳さんに注連縄を飾り、お燈明をあげると、幼な心には、何神様をお祀りするか知る由もないが、何かしら厳かな神秘幽玄な感銘を受けたものだ。

山水図　竹白筆

　大晦日の晩にはおけら詣りと言って、四条の祇園さんにお詣りする。途すがら火縄を買って、八坂神前に焔々と燃えている篝火《かがりび》を、火縄に移して、それを振り振り我が家に帰る。その火を硫黄の付木に移して、元旦の雑煮を炊く。
　このおけら詣りの途中、今のように街燈の多くない、暗い寒い京の街の夜半、すでにお詣りをすまして、火縄を振り振り帰ってくる人々に出遭うと、何か非常に清冽な新年に相応しい、崇高な気分になるのであった。

朝の四時頃に元旦のお雑煮を祝う。うす暗い石油ランプの下に、両親と兄弟五人が揃うと、私達の前には、どれも根菜の膳椀が並べられる。

父親のものが、膳も、椀も一番大きく、母のものに限って、椀の外側が黒塗りであった。それから一番上の兄のものが大きく、末の弟になる程膳も椀も小さくなる。私は末っ子であったから、膳椀ともに一番小さく、可愛いものであった。父の膳には家の定紋がついていたし、母の膳には母方の定紋がついていたのも、思い出されることだ。

ひとつの皿に大根なますがつき、もひとつの皿には煮〆や田作がつく。大きな椀は昆布だしの白味噌雑煮で、餅は子餅と言って、丸い餅である。ほかに頭芋、短冊大根、三ツ葉が入っている。これに花松魚《かつお》をかけていただく。

お雑煮が終わると、まだ暗いのに、いきなり外に走り出して凧を揚げる。今日のように冬の登山もなければ、スキー、スケートのようなウインタースポーツもないし、映画やレビューもないので、勢い双六や凧揚げをやったものだ。凧揚げのため指先が破れていつも皸《あかぎ》れをこしらえていたことが昨日のことのように思い出される。京都では凧を揚げることをイカをのぼすと言うていた。

その後間もなく、十六、七歳の時に私は東京に出たのであるが、兄の家での正月は新世帯のせいか、茶碗で清汁の雑煮を祝っていた。それで新年らしい気分がしなかったことを覚えている。

近頃京都へ帰って新年を迎えてみると、白味噌雑煮こそ残っているが、おけら詣りのような古い風習は、少数の人々によってわずかにその名残を止めているに過ぎない。幼少の頃と言ってもわずか四十年前のことだ、歴史からみれば、ほんのわずかの歳月だが、世の移り変わりの激しさには、今さらながら驚かされる。ましてやこれが、千年と言わずとも、百年なり、二百年なり前のことを思い比べたら、どんな変化があったことであろう。

昔も昔だが、今後の百年、二百年はどのように変遷することであろう。

私のようなものでも暇があったら、そうしたことを考えてみたいと思う。

『星岡』昭和十二年一月号（七十四号）所載

※「十九頁の山水図は竹白氏近作の淡彩。山肌の代赭《たいしゃ》の色が山を覆う緑に対して甚だ効果的に用いられている。実際にこういう景色を見たら、筆者のごときはもっと沈んだ感じを受けるかと思うが、そこに竹白氏らしい愛情と華やかさとが盛られている。それが俗に堕ちずすっきりとした気品を持しているのは、人柄であろう。ことに前景の一本松のごとき、ともすれば月並みな枯淡に囚われがちなのが、ここではむしろ素人作家らしい不器用さで、巧みに生命が吹き込まれている。（後略）」（「饒聞録」『星岡』七十四号）

料理いろは

まえがき

料理もむずかしく解釈すれば、やはり一種の芸術であり、したがって結局は料理する人の人格の反映である。けれどもそう言ってすましてしまえないのが、料理道に精進する人々の日常の細やかしい、色々な技術や心懸けであろう。根本はきまっているにしても、暑い日もあれば寒い日もあって、その時々に考えなければならないものが多い。

料理の精神《こころ》について、そういう日常の心懸けを試みに、いろは歌留多に読んでみた。もちろんこれは調理部の若い修業中の料理人のためのものである。

い

いつも忘れぬ原料第一

『随園食単』[1]に、料理は六分まで原料の味に支配されると書いてある。料理の神様と言われた易牙《えきが》(2)の腕を以ってしても、原料の悪いのはいかんともしかたがない。幾ら調味に努力したって精選せぬ原料から、いい料理は生まれてこない。

だから何よりもまず原料仕入の第一歩から注意することが肝腎。

ろ　論よりしょうこ　品でこい

料理人は料理を生命とする。「そもそも料理は……」などと通を振り廻すよりも、自分の身上である料理そのものを以って、進むのが床しい。そういう心懸けの料理人こそやがて名人と言われる人であろう。

は　はらも舌も喜ばせ

食は腹八分とは、貝原益軒先生ならずとも気のつく所。美味を尊ぶ料理も、量の問題はおろそかにはならぬ。名人と言われる程の料理人は、「仁を見て法を説け」と同じく、客の腹工合を一見して見抜く、それだけの見識を養うことが必要である。

に

日本人には日本料理

人は変わった料理を時に喜ぶ。西洋料理が喜ばれたり、支那料理が流行したりするのは、根本的にはそのためである。だが結局日本人は日本料理が主であり、料理道も日本料理に最高の目標があることを思わねばならぬ。

ほ

星岡は世界一

今さら説明の要なしという所ですがね。しかし油断は大敵自慢は芸の行止まり、精進！　精進！

へ

へいぜいから食道楽

好きこそものの上手なれ、ということがある。自分がへいぜい好きで、道楽で、うまい料理と聞けば身銭を切って食いに行く、というのでなければ、本当に自分でいい料理をつくることもできぬというもの。誰よりも料理人こそ一番の食道楽でなければならぬという所以である。

と　豆腐は手造り最高美食

値が安いし、大衆化されているので、世人はあまり豆腐を珍重しないが、仮に豆腐一丁が一円もするとしたら、それこそ豆腐の評価ががらりと変わって、天下の珍味となるであろう。就中原料を精選し、良い井戸水で手造り豆腐の味は格別。茶寮の手造り豆腐が、美食家の間に評判となりつつあるは、蓋し当然のことではある。

ち　近い所に手頃の材料

遠方の名物や季節外れの珍品が食えることは何と言っても現代文化のお蔭である。がそのために現代の料理道は、何かというと珍品主義、名物主義に堕ちる傾向がある。これは料理道としては明らかに邪道である。だからやはり手近の材料を充分に活かす心懸けが不断に必要であろう。

り

料理長のお留守は肝腎

料理長のいない時はほかの者は特に注意することは言うまでもないが、本当はこのような折にこそ自分の手腕を百パーセント発揮する絶好の機会としてむしろ積極的に努力すべきである。

ぬ

ぬかの使い方もいろいろ

小糠三合持ったら養子に行くな、などという言葉がある。糠はそれ程軽いものに見られている。しかし、この頃の栄養学では糠の中にビタミンがあること、したがって日本人は糠漬けを食うことによって多分に脚気病から救われているとまで言われている。だが糠は栄養学的にばかり重要なものではない。早い話が、糠漬けのない食事というものは日本人には考えられない程だ。糠のようなものにこそ、料理人の心を働かせる所があるといわねばならぬ。糠に釘ではなんにもならぬ。

る

るり南京の鉢に冷奴

馬子にも衣裳、髪かたちと言うが、日本料理程、姿かたち、色彩り、食器との取り合わせなどを重んずるものはない。

瑠璃南京の絢爛《けんらん》たる器に、純白端正なる冷奴を入れた所を想像してみたまえ。色彩の配合と形体の美しさ誰でも手を出したくなるではないか、料理の一要諦が、そこにあるのだ。

を をんなの口と男の口

イモ、タコ、ナンキン、スシ、ゼンザイと言うように、女の好きなもの、男の好きなもの、あるいは老人、青年、皆それぞれ好みが違う。料理人たるものは客の好き嫌いをまず見ぬくだけの力がなければならぬ。

わ わさびの味とわしの舌

わさびと言っても辛いだけではなく、なかなか複雑微妙なものだが、それを鑑別する舌に自信ありや、「唐辛子なめて神農舌を出し」という川柳があるが、ただ辛いだけではお話にならぬ。鋭敏、正確な舌を養うこと、これまた料理人たるものの第一資格。

か

かしに往くのは神詣

料理人であれば、誰でも河岸に行くことは行く。だが、原料第一という料理道から、河岸に往くのでなければいい原料は得られないし、したがっていい料理もできない。だから料理人は神詣をするような清い心で往くことが大切だ。

よ

よその料理も喰べてみよ

時折よその料理を食べてみるということは、料理のよしあしにかかわらず、不断に必要。料理がよければ言うまでもなく、欠点のある料理もまた大いに参考になる。一人天狗は舌をばかにしてしまうと知るべし。

た

だしの引き方出世の基

出汁は調味の基。出汁の引き方は、したがって料理の基、また料理人の出世の基と言うて過言でない。

れ

れもんの酢は西洋料理

れもんが年中絶えないという点から、近頃大分日本料理店でもれもんを用いているようだが、れもんと橙、柚は本質的に違うものだから、れもんを橙や、柚の代用とすることはできない相談だ。それだけ、日本料理はデリケートな点がある。

そ

そばと殿様の手打ちは今はない

殿様の手打ちがないように、今日では手打ちそばはまずないと言ってもよい。広い東京でただ星岡茶寮の板場にのみそばの手打ち、それも純粋のそば粉を用いる手打ちそばがあって、昔ながらの伝統的そばの高き風味を誇っている。いささか自慢に足るものといえよう。

つ

つちの着いたはたけもの

畑から食膳へというのは、我々の野菜料理のモットウである。そう思ってみるせいか、ちり一本落ちていてはならぬ調理場においても土の着いた畑ものだけは、少しも不潔に思われないから妙。

ね

ねているまにも物くさる

冷蔵庫に入れておけば腐りはしないが、味は一晩でまるで落ちてしまう。だから宵越しの材料を使わないように注意することが肝心だ。

な

夏になったらなおさら衛生

料理人は高貴の人の口に入るものをつくる、という考えから、料理人の見識の高くなったことは喜ばしい。それにつけても、料理と衛生ということは、瞬時もにわかにできぬ大問題。夏ともなれば、言わずものことである。

ら

ラジオの放送味がない

耳に味を伝えることはできない。味の研究は所詮舌でなければできない。

む

無理な献立つくらすな

珍しいものばかり漁って自ら食通と思っている人あり、また珍しい料理を作っては腕前を誇りたがる料理人あり、ともに語るに足らずと言うべし。

う

うまいもの食いを仇と思え

蜀山人が世の中の酒と女が仇なら早く仇に巡り会いたい、というようなことを言っているように、自己の腕に信念のある料理人なら、必ずや本当に味覚の優れたうまいもの食いを、仇のように追い廻して、味覚の低い人なぞは問題にしないだろう。

ゐ

ゐどの水の良いのは良い

水道の水なら特に良いこともなければ悪いこともないか、井戸水となるとそうはいかない。悪いものは口にすることもできないが良いものになると水道の比ではない。夏は冷たく、冬は暖かく、天物の良さを充分に認識することだ。

の

のどがなるように見るからうまいもの

冬季体が氷のように冷え切っている時に、大ぶりの椀に湯気の昇っている汁が運ばれたらどんなにうまそうに感じるだろう。

夏は冷たいもの、冬は暖かいもの、季節やその人にあった材料の取り合わせ、盛方の工夫、料理ができ上がって盛上げた瞬間にのどから手が出そうな、見ただけで食欲を促す。つまり料理が生きていなければならぬこと。

れ

おろし大根は辛いもの

だいたいにおいて辛くなければ大根おろしはうまくない。そして大根の新鮮なることと同じように、おろし立てであることが必要条件のひとつである。

く

くすりぐいの人もある

スッポン、鰻、天ぷらなどはあまり好きではないが、体のためになるからと言って食べる人もある。献立を作る時に滋養についても考慮を払うこと。

や

やま野菜の味を知る人は少ない

タラの芽、山蕗、山の芋などなどなかなか味の好いものが多い。これなども常に研究の要がある。

ま

ままにしてほしいご飯のたき方

三度食うめしにもこわし柔かし思うままにはならぬ世の中。と誰やらが言っているが、料理人の中には、めし炊きをさげすむ風潮がなくはない。

だが、めしこそ料理の最後のとどめであり料理の仕上げである。このめしをままに炊くということを料理人はむしろ誇りとして精進すべきであろう。

け

結構づくめでも困る

貴重品ばかりの献立は面白くない。平易低廉の材料を充分にこなして、そこに巧みに貴重品を塩梅して、ケジメケジメを引き緊めることが本当に貴重品を貴重品たらしめる所以だ。

ふ

冬はなにをおいてもあついもの

夏場喉を渇かしてきた時、すっと出された清水はそれこそ甘露の味。幾ら立派な料理でも、寒い冬に遠ざめのしたようなものを出されては、料理よりも何よりも、そういう主人の心根がいやになる。料理には常にそういう客の心を摑むだけの親切さが必要。

こ

ごまのいり方なんでもない

ごまのいり方くらいなんでもなさそうで六ケ敷《むつかし》いものはない。だからごまのいり方なんでもないと言える料理人はすでに料理道の名人か、しからずんばデモ名人と知るべし。

江

江戸の割烹は上方にまけた

京都は古い都で、往時権力の中心地だったので当然料理法は最も発達したが、その上材料が少なかったので、その研究はなかなか大変なものだった。ところが維新後物資豊かな大阪と相交通するようになったので、その料理は異常なる躍進を見せたのは当然のことで単純な江戸前料理に比して、ここに上方割烹の勝利がある訳だ。

て

てんぷらを活すか殺すか

支那料理は最もよく天物を活用している。その点、日本料理はまだまだ天物の活用が足りない。これはひとつに料理人の腕にある。

あ

あさめしの献立ができたら一人前

本格的朝飯は淡白なものだ。品数も少ない。潤色するものがない。些少の失敗も明らかに表れることになる。そして汁にしても漬物にしても最もたびたび口にされるものだけに一層六ケ《むつか》敷《し》いことになる。

さ　さけは調味の王さま

アクの強いもの、味のクド過ぎるものには是非とも酒が必要だ。酒でアクもクドさも程よいものにすることができる。

き　きげん悪けりゃ味まで悪い

機嫌が悪い時には、充分に精を尽くすことができない。充分に精を尽くした良い料理を作るためには、いつも朗らかで熱心な心懸けが大切なことになる。

ゆ　ゆずの香と橙酢

柚や橙の香は純日本を連想させる不思議な力がある。日本の座敷で食べる料理には、これがないとどうも何か不足な感がするものだ。

め

めんるいは立派な料理

ソバ、ウドン、ソーメンは広く大衆化されてあまり珍重されていないが、材料の良い丁寧に加工されたものは淡白な立派な味だ。またほかのものとの配合によって色々の変化を与えることもできる。

み

みそ、米、醤油、かつお、こぶ、皆大切

原料第一の処で述べた通り、原料は皆大切だが、これらのものは原料中での最も大切なものだ。

し

しこみの早いばかりが能じゃない

しこみが事務的に手早いのは良いが、為すべきことを為さずに早いのは大いに困る。小さいものでもひとつひとつ皮をむき、悪い所を切り取らなければならないからなかなか時間もかかるものだ。ニシンのようなものは水漬けにて三日、湯もどし一日、たまあげ一日は是非ともかかる。それを短時間でやれば必ずそれだけの欠点が表れることになる。

ゑ　ゑんかい料理と言われるな

料理はひとりひとりに合うような心懸けで作らなければとても良いものはできない。

ひ　ひまひまにつくる料理はせいてはできぬ

乾魚、棒鱈、カタコの豆類などなど、一般に乾物を巧みに料理するということは、閑暇と熱心と技術とを要することであるが、それだけにまた、ある意味において料理人の腕前の見せどころでもある。だから今日は閑散だなと思ったら、そういう乾物料理をやって客を喜ばすのがよい。だが何にしても時間を要する料理だから、忙しい時にやっては無理。熱心と腕前と、そしてその時の情勢をみてやることを必要とする。

も　もんだいになる創作料理

日進月歩の世間の問題になる斬新なる料理の工夫が大切なことだ。そのためには料理人自身が世の中から遅れぬように大いに勉強しなければできないことだ。良い料理、生きた料理を作るためにはなんと言っても見聞を世界に求めて大いに勉強することだ。

せ　世界に通ずる味の道

料理は日本料理、支那料理、西洋料理と各特色があり、その持ち味を異にする。けれども極く上等の料理となれば、日本、支那、西洋を問わず、一様に淡白な滋味な料理となることは、まったく軌をひとつにする。すなわち洗練された味覚は世界的に相通ずるものであって、したがって料理人の目標もまた自ら世界の人を納得させるだけの料理にあると言わねばならぬ。

す　すみからすみまで清めの台所

台所を清潔にすることの必要は言わずもがなのことであるが、実際多くの台所をみると、どこかに手落ちのありがちのものである。だが清潔の要旨からみて、一ヶ所でも不清潔な所があれば、ほかがいかによくても、それですべてが毀《こわ》される。文字通り、隅から隅まで清めることを忘れても怠ってはならぬ。

『星岡』昭和十二年一月号（七十四号）所載

※初出は、七十号に星岡茶寮調理部名義で、「い」から「り」までが掲載された。その後、これの大幅加筆修正を含む全文が七十四号に掲載された。

1 『随園食単』：清代の大詩人で、食通としても著名な袁枚（えんばい、号は随園、一七一六～一七九七）が、一七九二年（乾隆五七年）に刊行した料理本。三百余種の料理について、材料の吟味・つくり方・味わい方を記す。ちなみに原典の記述では「美食の功績は、料理人が六割、素材の購入四割である」としている。

2 易牙：春秋時代の料理人。斉の桓公に仕えた寵臣「三貴」の一人。中華料理の基礎を作ったとも言われる人物でその料理は非常に美味であったとされている。

夏山繁雨　竹白筆（大正四～五年頃）

冬の果物

編輯部から冬の果物という題で何か書けと言う。さてと厨房に入って今客席へ運ばれようとする果物の大鉢を覗いてみる。黄水瓜のレモンエローの冴えた色彩、丸形の大西瓜を切ったものだ。盛夏の頃僕の大好きな、大和の黄水瓜と同種のものだ。一片を試みてみると昨夏の頃にもなかった美味さだ。さて不思議と調べてみると台湾産で今年初めての移入であった。

◇

苺もあった、福羽種で益々大粒のものを作りだす。これは静岡産が優勢だ。林檎もある、これは数年前、北米加奈陀《カナダ》から青森へ移植したものが結実し始めて、市場に出される。スターキングとデリシャスの二種、いずれ劣らぬ両大関、栽培家の気が弛んだものか、二、三年前初産の頃のものが、品質がよかったようだ。この林檎を喰ったら、在来種の紅玉だ、満紅だなどのものは問題にならぬ。印度リンゴは肉質は緻密だが香味はスターキングに及ばぬ。ただ遺憾なのは価だ。よいものは高価だとは経済原則だが、なんとか今少し大量に生産して低価にしてほしいものだ。

ポンカンなど上海あたりから輸入されて珍重された十数年前の頃は、当時の果物の王座を占めて、日本の蜜柑を尻目にかけていったものだが、今は顔色がない。

◇

西洋梨類のうち、ラフランス、ダングレームなど厳冬にも市場にあり、コールマン（葡萄）とともに幅を利かせているし、メロンも数年前までは、一月から三月までは途切れたものだが、この頃中では途切れることがない。嘉宝や、甘露の西瓜とともに年中作になってしまった。まったく人為が天工を冒しておるのに恐れをなすばかりだ。

◇

幼少京都に在住の頃、東京みやげに皮まで真黒になった、品の古いバナナをもらったことがある。それでも、その甘味、滋味、種もなく、初めての味覚に、世にかくのごときうまいものがあるかと小さな魂を震わせた頃を思い出すと隔世の感があり、ここにもほかのあらゆる科学文明の驚異的発達に比して、遜色なき果物界を

果物　竹白筆

見るのである。

これらのもののほか、南洋方面からマンゴ、マンゴスチン、米国加州《カリフォルニア》からオレンジの輸入はあまりにも平凡だが、この暮れには珍しいクリスマスメロン、一名サンタクロースメロンと言って、クリスマスの頃に産する一見サンタクロースの風貌を思い出すメロンの新種が移入されたり、今日では果物には季節はないことになってしまった。したがって冬の果物なんて題は無意義だと思う。

◇

この頃髙島屋の川勝さんに大阪の茶寮でお会いした時、フト懐中から出して、こんな会をしましたと言って示されたのが、左の『果物を中心とする晩餐会』のメニューである。

果物を中心とする晩餐会

一、福　羽　苺　　静岡産
一、マンゴスチン　　南洋産
一、マ　ン　ゴ　　南洋産
一、文　　旦　　シャム産
一、雪　　柑　　台湾産

お酒　　　　白鷹
　豆腐餻　琉球王家秘法
　雷電ひしお　亀甲万本家秘宝
お食事　鶴の家出張
　明石鯛うしお
　焼かもご飯　手賀沼捕
　漬物日野菜　伊賀産
一、ゴールデンデリシャス　青森産
一、スターキング　青森産
一、樹齢八百年小蜜柑　大分産
コーヒー　木村コーヒ店出張
　ハワイ　コナ
　セイロン　プラレテーションン混合
　モカ　マタリー
チーズ　ゴーゴンゾール　デンマルク産
　昭和十二年一月十五日六時

於銀座　千疋屋階上
主催　川勝堅一

さすがに斯界新人の企てられること、その清新な気分は献立表からでも香りの高いものが感じられる、すこぶる我意を得たものと感歎した。欲を言えば朝餐会にしてほしい。社会的事情から朝では人が集まらないであろうが、そこはそれ真に理解し合うもののみで、初夏の日曜の朝など、黎明を選んでこの種の集まりをしたら、さぞ楽しいことだろうと思った。（一月二十日記）

『星岡』昭和十二年二月号（七十五号）所載

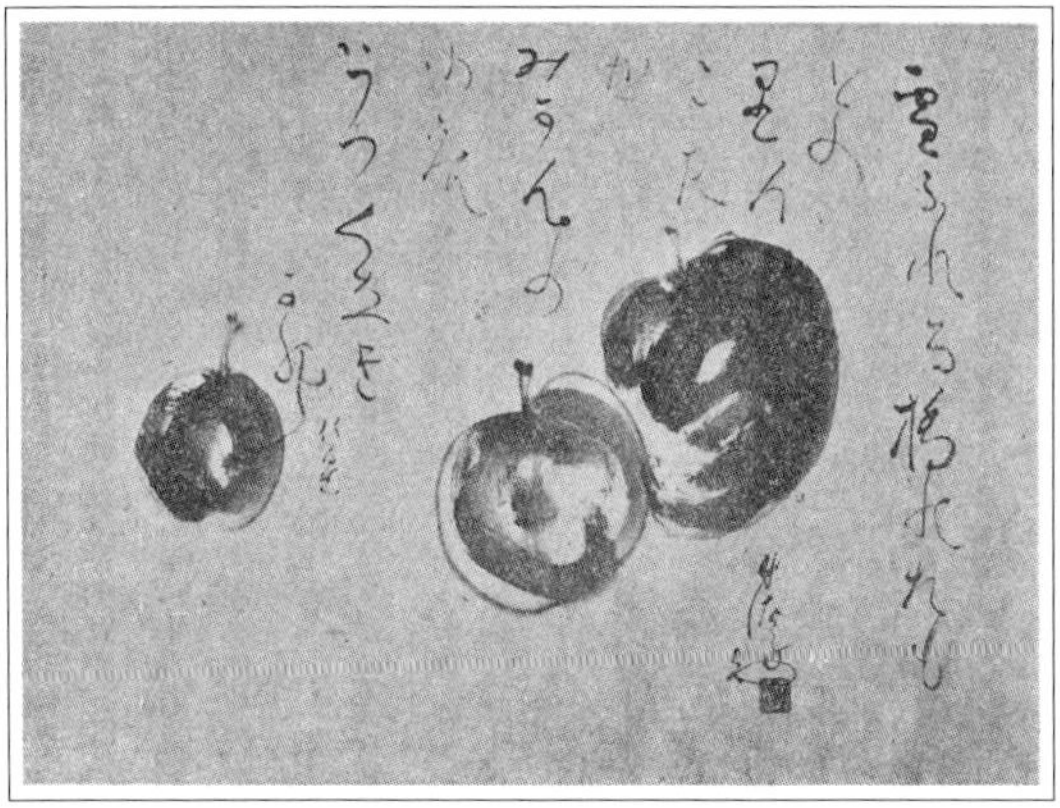

林檎　半泥子画　竹白子書（『星岡』八十六号）

ある日の考えごと

それは幾年前であったか、はっきり記憶にはないが、初めて大和の法隆寺に遊んだ時である。その頃は汽車より便がなかった。法隆寺駅で下車して、半道程の田舎道を歩いて侘しいわずかな松原を通って、中門の前に立った時の印象である。中門を通して金堂の偉容や、五重塔の建築が、京都附近にある寺で見るものとまるで感じを異にした古建築に、それらのことについてなんらの素養もない私の頭に残した初めての印象である。したがって、それは一千三百年前の法隆寺建立当時のことなどでもなく、それから幾時代かを経てきた、数々の思い出でもなく、漠然と覆いかぶさるように感じられたものは、少なくも歴史を遡《さかのぼ》って何百年か前の生活状態はこうであったろうという環境から受けた印象なのであった。

当時、都会では電信電話もあり、電車もあり、洋服も着用して相当現代文化の普及を見ていった時であったが、この門前に立った時に受けた印象は突然時間を縦に遡った印象で、このような現代を離れた処に数日間でも暮らしてみたいと思ったことであった。今でも法降寺の門前に立つごとに最初の印象を呼びおこして独り楽しんでいる。

世界の文化は言うも野暮だと言いたいくらい進歩して、世界の空間は瞬間ごとに狭まりゆくのを感じない訳にはゆかない

◇

航空機能の発達はやがては地球を二十四時間で一周することも可能であろうし、ラジオはついに宇宙の遊星と交歓することも夢想とはいえないであろう。かくて空間の弥々《いよいよ》狭まり行く果てはどうなるのであろう。しかしながら一方時間的に考えを及ぼす時は一分一秒も増減遅速あることなく、今机上の時計の針は刻々を刻んでいる。居ながらにして亜米利加の音楽を聞きうるならば、一秒後の事実を知り得られそうなものだが、果たして誰が未来の予言に対して責任をもってくれるであろうか。あるいはまた一日だけでも少年の頃に戻してくれる力がどこにあるだろうか。空間的に進歩した文化は時間的にはなんらの偉力をも発揮していないようだ。

◇

時計　竹白筆

今春一月中旬、ある日越前粟田部五ヶ庄村にある、局紙や奉書の紙漉場に行った。山間の僻村で現代工場らしいものはひとつもない。動力を用いている工場も少ない。昔ながらの手漉《す》きであるが、それでも国内の需要はもとより海外への輸出も盛大で業績もとみによろしいとのことであった。私は例の法隆寺壁画原寸複製の用紙を注文するべく来たのであったが、漉場に入ってみると寒中の清水に赤くなった手を入れて、楮《こうぞ》や三叉《みつまた》や雁皮《がんぴ》の繊維をほぐし掃除をしている多くの工女を見た。良い紙は寒中でないと漉けないというのは、木の皮から取るヌメリの作用であるとのことである。私は工女たちが漉子を手に漉きつつある角風呂のような紙の溶液の箱に見入っていると、ここでもフト時間を縦に遡って、少なくとも徳川時代の頃に観念を置いてしまった。工女たちの髪容《かみかたち》のことなど忘れてしまっていた。やがてしばらくすると漉子を傍らへ置いて、一本の竹を持って紙の溶液を攪拌しはじめた。竹がしなるくらい加えられた力が溶液をかき分ける音、「びゅう」という音が、繰り返し繰り返し耳に伝わってきた。この音はまこと日本紙製造の起原とともに発生したものであろう。したがってほかの何物をもっても表現しがたい、太古の韻きがあるのを深く味わった。工場から表へ出ても、しばらくは耳に残り今でもこの音に幻想を置く時には楽しみがある。

◇

それから北陸へ来たついでに山中温泉に一泊することにした。なんでも大建築の近代的の設備ある旅館が観を競って有名である。

私は今その有名な二軒を一応見てしまった。碧緑白沫の清流に臨んで七層楼よりなり、ともに大同小異各室の設備は北陸辺陬の地にあるを思わず、和洋折衷の妙、大宴席、ダンスホールの用意ありで、昔、今は亡き母が旬日を湯治した面影は見る能わず、ただ浅草や、上野に近き歓楽境に温泉が湧くという印象よりほかなかった。またこの経営法でないと客が来ないのだと言う。空間的にあるいは地理的に狭められることは日本国内においてもまたしかりなどと鹿爪らしく理窟も言うてみたくなった。

◇

机上にいつか山中商会で購った嵯峨人形[1]がある。鳥持ちという、珍しいものではないが、嵯峨人形の相貌はどれでも一種の深刻さがあって、私の好きなもののひとつである。指でとんと額を押してみたら、二十何遍か前後に頭を振っていた。与えた私の指頭の力は瞬間にこの人形に魂を吹き込んだようだ。笑っていると見ると笑っているし、泣いているようにも見える。自分でもつい吹き出してしまった。この人形ばかりでなく、あらゆる古美術に接することは、たしかに縦に時間を遡ることと私は思うのである。董其昌が骨董延年術と言うごとく、机上を清め香を焚いて静かに骨董を清翫することは誠に人生の至楽であり、激しい現代をしばらくでも忘れ、延年に役立つであろうが、なかなかその境地に行くには私には事情がゆるさない。わずかに観念的にかくのごときことを思念しつつ楽しんでいる。

◇

それにしても過去は遺された古建築や、古美術や、昔ながらの山水によって、ある程度知ることも可能であろうが、未来は果たしていつの世にいかなる発明によりて知り得るであろうか……が、もし掌を指すように未来が闡明《せんめい》したら人生は悲喜劇でもあろう。

窓外には早春の雨、珍しく訪客もなきまま妄言をつらねてみた。（二月十三日記）

『星岡』昭和十二年三月号（七十六号）所載

嵯峨人形（『星岡』八十号より）

1 嵯峨人形：京都嵯峨で作られた極彩色に金銀を施した木彫りの人形。記されたタイプは、唐《から》子《こ》的なスタイルの童子が、手に犬や鳥などをもった寸胴の坐り姿で、胴と別々につくられた頭部が、錘《おもり》が体内で揺れることによって、首が前後に振れる仕組みになっており、また赤い舌が首の振れによって出たり入ったりする「からくり仕上げ」にもなっている。嵯峨人形の題材は、本品のような首振り・古出しからくりを仕込んだ童子をはじめとして、吉祥をあらわす福神、町方の風俗を表したものなど様々で、現存する遺品から、その主要な製作期はおよそ江戸前期から中期にかけてと考えられる。

筍掘り

人間の歴史が始まって山に、海に、人類が生きんがために種々の食料を求め探している中に春の筍、秋の松茸を見出したことは傑作だと言いたい。ともに快い香りと風味を持っている点において、食品のうちにはより以上珍味に属するもの、あるいは皮肉なものなども沢山あるが、私は普遍的で厭きない味覚を持ち、しかもこれが春秋行楽の季節に産することにもなんらか意味があるように思えるのである。

◇

松茸狩りは京阪地方では年中行事のひとつで珍しくはないが、筍掘りはちょっと素人には手が出せない。しかし春光暖日を藪の中にうけて筍を掘ることはまた別の興趣がある。筍の産地としては昔から喧《やか》ましく言っている、京都向日町在原のものをよいとして、茶寮でも毎年直接に掘りたてのものを取り寄せているが、大阪では寺内の筍を古くから賞美している。寺内というのは、曽根にある大阪茶寮の東方一哩《マイル》くらい吹田寄りで、約五十町歩にわたり栽培せられている地方を言うのである。

この寺内村で生まれて、ここに藪を持っている上野さんは三月中旬のある日、私を案内して筍を掘れと言う。写真にあるような柄の短い鶴嘴《つるはし》のようなものを担いで藪の百姓さんを随《したが》えて行った。このあたりの一部が将来服部公園になる処で、丘陵起伏して所々に小池あり、風光閑雅なること、大商都大阪の附近としては珍しい閑寂さである。この丘陵に添って蜒々数十町歩の藪になっているのだ。

寺内に於ける星岡筍園

筍掘りの実況

筍　竹白筆

◇

藪に入ると土盛がしてあって、その上を綺麗に掃除してある。この地上に落し物を探すかのように見て歩くと、あるある、わずかではあるが土の破れ目が見える。この破れ目を目当てに軽く鶴嘴の先で掘り返すと可愛い筍の頭が見える。さらにこの左右を筍に疵をさせぬように掘り下げて程よい頃に、根と目ざす処に鶴嘴を当てて根を切り、こじ起こすと、地上に全姿が転がり出るのである。この最後に筍の根を切ることが至難な点で、ここに筍掘りのコツがあり、妙味もあるが、根のある処は必ず筍の尖端の傾いている側にあるもので、これは筍掘りの常識である。

試みに鶴嘴を手にしてやってみたが、百姓が五本掘る間に一本が精々で、あたりの土を台なしに痛めてしまうのであきらめた。

◇

かくて次々に地面に見入っている処に筍掘りの楽しい境地があるようだ。

◇

ついでに筍料理の変わったものをひとつ記してみよう。「揚筍の汁椀」直径二寸五分くらいの太いものを五、六分位の厚さに切り、筍が新鮮ならば昆布だしで薄味をつけるよう直煮をして、汁を切り、これに玉子の白味をつけ、焼麩の粉をまぶし、胡麻油をたてた油鍋で揚げるのである。この揚げたての筍ひと切を椀に入れ大根おろし若干を加え、これに鰹の吸物仕立の汁を加えてすすめる。椀の中に立派な筍が浮いて、淡味のうちに油気もあり、よいお椀ができる。筍が小さくとも差支えはないが、どぎった処(1)がなくなるから大きいものを選ぶ方がよろしい。

「寄せ筍汁椀」これは前と反対に小さい筍、あるいは何かほかの料理に使った残りの筍などを、線切りにして同じく薄味をつけたもの、これを葛をつなぎとして羊羹のように流し込み、固まるのを待って適当の大きさに切り椀種とし口に木芽を用いる。注意はあまり煮ると固まった寒天が溶けるから手早くすること。ほかに汁椀にせず前菜などにもよいのである。

『星岡』昭和十二年四月号(七十七号)所載

1 どぎった：「思い切り上等な」の意。魯山人も「どぎった寿司」などとよく使う。

琵琶湖周遊と醒ヶ井の養鱒

四月は遊ぶことが多い。自分から企てなくともほかから強いられる。○○会とか、なんとか。花見だ、宴会だ、旅行だ。春は花のために忙しいと古人はうまいことを言うた。神武天皇祭の休日、××会に引っ張り出されて琵琶湖一周のドライブを。琵琶湖一周はドライブウェーが半年程前完成したので、京阪地方で流行りものだ。総勢五十人が自動車十台に分乗、朝七時、春の塵埃を上げて京都を出発した。

◇

少年の頃の地理書で習った琵琶湖は、周囲七十二里、哩《マイル》にすると二〇〇哩に近い。一日の行程には長過ぎて少し厭《あ》きる。唐崎から坂本、堅田のあたり、比叡のケーブルも、無動寺の弁天堂も展望される。今を盛りの菜花は遠く近く、三分咲、五分咲の桜花は緑野に点綴、そぞろに春の気分でうれしくなる。つづいて海水浴ではない、淡水浴で有名な近江舞子の浜、白砂青松が遠望される。

やがて白鬚神社前で江若鉄道のガスリンカーと行き違う。小鮎が幾らでもとれるという大溝の町を経る頃になると、ようやくあたりの風光が珍しくなって、現代文化を離れ、道行く少年も洋服を着たのは少ない。これから大崎の観音の断崖にかかる。これが周遊路の難関で、ここに幾つかの隧道ができ、新道が築かれ、初めて一周道路が完成したのだ。

◇

大崎観音のある処は、江の島を半島にしたような、翠巒が湖中に突出している地点で、小半丁も登ると古堂がひとつある。ここからの眺望は湖畔第一景であり、ここにも琵琶湖一周ドライブの快もある訳だ。これまではかなかったであろう。それが日々数百千の観光客

白髭社社頭の燈籠

大崎観音上から琵琶湖ドライブウェーを見る

大崎観音下隧道

自動車の窓から

で、本堂脇の庫裏につづく座敷が俄か仕立の料亭の役目をつとめ、坊さんたち転《てん》手《て》古《こ》舞《まい》でお茶代やお賽銭も多かろうなんて、賤しいことを考えてみるが、しかし交通機関の移動発達で、意外の地が意外に開拓されていくのであろう。いつかはここにホテルが建たないとは断言できないであろう。

◇

我ら同勢はこの絶勝を前にして、早い昼餐のお弁当に思わず舌づつみを打った。冷酒を番茶茶碗についでぐっと呑んだ味も美妓の浅酌に優るかも知れない。天気晴朗にして風やや冷たけれど、遠山に雪を見、近景に柳桜を配し、竹生島また画中に躍出し、誰も腰を上げようとはしなかったが、幹事は出発命令を下してまたも車上に帰った。

◇

それからさらに湖畔を走り、しばらくは山に入り、木の本地蔵に冥福を祈り、長浜町を経てこの日の予定コース醒ヶ井の養鱒場を見学することにした。

◇

東海道の米原駅を越えて線路に沿うて醒ヶ井駅を左に見つつ、右に折れて山間に車を進める。水潺緩《せんかん》として車側を流れ、その極まる処に養鱒場がある。

琵琶湖東北岸のある風景

養鱒場の技手奥野さんは語る。ここは滋賀県水産試験所としての養鱒場でありまして、ここで作った鱒を市場に売り出し、商売をするのが目的ではないのですと、まず県営に力を入れて話される。ここに飼育の鱒は米国種産の紅鱒という種類で、成長するにしたがって腹真一文字に、薄紅の一線を現すもの、三年子七、八寸のものを琵琶湖に放出し、ここに自然

向こうに見ゆるは竹生島

成長せしめ、湖産名物となすのが事業であると説かれる。そこで「琵琶湖産として紅鱒が市場に出たことがありませんが……」と尋ねてみた処が「昭和五年にこの処を設立しようやく九年にいたり放流し始めたもので、放流後四、五年を経て初めて漁獲されるもので、明年あたりから相当大きなものとなって現れると思います」とのことだ。いささか楽しみごとだ。

◇

養鱒の方法はまず雌卵（真子）を絞り、雄精（白子）を上に落とし、鳥の羽にて水中に攪拌し、暗渠《あんきょ》の水流中に放任すると三、四日にして雌卵の八割までは孵化し、出卵生育するということで、これに種々の人工営養を与えて成長せしめるのであるが、ここで見た二、三年子六、七寸のものはすでに市場に出現して、「あまごます」と呼ばれて賞味されているのであるが、これは予算収入の関係上年々若干量を十二月から三月中に魚問屋へ売却するものであるという次第もわかった。

◇

さてここで不計《はからずも》、魚の習性の変更、あるいは種属改良ということがいかに至難であるかを耳にした。それは僕らは平常から養成のアメリカ鱒は大体において不味くて、木曽川あたりでとれる日本産の鱒が形状の異なるはもちろん、味も非常に美味のことを知っているから、同じ養成をするなら、日本産のものをやってもらいたいと希望してみた処が……技手は言う。[1]もし邦産の鱒を飼育せんとせば少なくも七、八十年の歳月を要するとのことだ。それは人工孵化せしめんとするには最初の孵化率は非常に悪い。その悪い孵化率のものを成長産卵せしめさらに人工孵化をさせ、かくして漸次孵化率を上げるより方法がないから、少なくも八割の孵化率を上げるには、鱒の一生を一代として数代、あるいは十数代を経てこなければならぬという結論であるのだ。

自然流にて養魚の紅鱒

そこでアメリカ鱒はいかがと言うとすでに彼地で百年以前から始めている。その種類を輸入したのである。「孵化率が悪ければ生産事業にならぬから誰も手はつけぬ」とは当然ではないか。なるほど、人種改良、体格改造向上などのことも一朝一夕ではないと悟らされたのである。

◇

また養鱒について大切なことは、水質、水温を一定することで、ここでは年中摂氏十二度で、雨が降っても濁水とならぬ特色がある。それはこの養鱒場の河上二丁の山腹中より多量の地下水が滾々《こんこん》として湧出し――これを水源とするからである。これでは雨に濁ることもなく、水温も変わる訳がないではないか。養鱒場がこの地に選ばれたのも、なるほどと感心させられた。

◇

この水を大小種々に引いて二、三年子を初めとし、尺余の大魚まで自然流に群集勇躍する状は誠に壮観である。この下流を小公園として遊覧に任せている。ここにある一軒の料亭で紅鱒の料理を喰って、夕暗の山間を愛でつつ車を京都へ向けた。

『星岡』昭和十二年五月号(七十八号)所載

1 現在はニジマス（虹鱒）のほかに、琵琶湖特産種であるビワマス（琵琶鱒）や、アマゴ、イワナなどの在来マス種も育てられている。昭和五十一年から「ビワマス親魚養成試験」に取り組み、平成二年から「ビワマスの養殖の研究」に着手、平成五年に養殖第一号（第六代）に成功する。平成二十一年より県内養殖業者へ稚魚（第十五代）を出荷してビワマスの養殖事業化に向けた本格的取り組みが開始された。

松島の一日半

瑞巖寺の晋山式に臨んで

三十年振りで仙台の駅頭に立ったのは、青森行急行、東北線随一の豪華列車という夜七時に上野を発車し、翌午前零時四十分仙台着の列車から降り立った時であった。駅前の仙台ホテルや、隣の陸奥ホテルも、入口に白い布をおろして、もう今夜の宿り客を受けそうな恰好には見えなかった。そこへ円タクがすすめてくるままに、ほんの朝までの半宿りであるから、どこか西洋風のベッドのあるホテルはないかと尋ねたところが、○○旅館がよいと言うので、車を走らせてみたら、なんと表戸を閉ざして「満員」と貼紙がしてある。

あらかじめ電報ででも約束しておけば何のことはないが、行きずりのままも旅の一興と度胸を据えてきたのだが、どうやら宿なしになりそうだと少し心細くなって、どこでもよいから寝させてくれるだけでよいから、とまたもや宿を探し始めた。今度は○○旅館、逓信省指定旅館などと看板も出ている。

◇

運転手君が戸をたたくと中から誰か出てきたらしい。問答を始めたがすっと通らぬらしい様子を車中から眺めていた。時は午前二時も近い。ここで断られたら大変だと私は車から降りてガラス戸越しに寝巻姿の女中に談じ込んだ。夜更《ふ》けに宿る客などは迂散臭いのが多いだろうから、客の姿を見せるに限ると思って出かけた。しかも男二人人品にも疑点もなさそうなのに安心したのか、戸を開けてくれた。

翌日は日曜で、松島に学会があり、各地から来会の人々で宿やは各所とも満員らしい。また、私ら二人も瑞巌寺新住の晋山式に招かるるままに、観光をもかねて飛び込んで来た者であるが、この晋山式のためにも多数の人が来仙したらしいのであった。宿では夜更けではあったが、心やすい客でもあったのか、それを他室に移し我らのために一室を都合して、寝具も用意してくれるのであった。

やれ有りがたい。汽車の寝台よりはやはり座敷の蒲団の方がよろしいな。

しかしいよいよ蒲団へもぐり込んだら、万事不潔で一種の異臭が鼻をうつには閉口した。人は勝手なもので安住するとすぐに次の不足が出るものらしい。私はこういう場合にいつも観点を換えて見ることにしている。もっと不潔のことや不自由を想い浮かべて現在に感謝しようとしているのだ。

◇

窓は硝子戸のままに夜の明けるのも早く、五時頃から白昼のようだし、電車通りで車の音も

塩釜神社前の枝垂桜

始まる。八時には出発のことにしているので六時には起きてしまった。朝食を喰ったが、仙台味噌の汁、精進菜、焼海苔の味も、比較的加減がよく、気持ちをよくして出発することができたのは、せめてもの嬉しさであった。

　車は塩釜を経て松島へ向かって走り出した。三十年前に、故有栖川宮威仁親王殿下の御供をしてきた頃をおぼろげながら想い起こすと、街にはあまり変化がないようだ。東北地方は文化の進展が万事遅々としている。それだけまた昔なつかしさも満足できた。

　車は宮城の原を真一文字に走る。左右見渡す限り田園沃野の中に一本道、これが鋪装されているので走り心地はよい。

　塩釜神社では、枝垂桜が満開で、社前にふさわしい色彩を垂れていた。誰という当てはなかったが、安産の神さまのお札を受けて、一路松島へ急いだ。

　松島は未見の地だ。五大堂の夕照だとか、材木巌、不老山など写真では古くから記憶にある。それをまのあたり実景に接することは楽しいことのひとつだ。晋山式参列もさることながら、未見の松島に接したいのもこの行の目的のひとつである。

塩釜から松島へは新道のドライブウェーができている。車を走らせながら左右に曲折展開の景勝は折ふし干潟となって、美観を害することが多かったのは遺憾であった。かくしていよいよ東北随一の禅窟瑞巌寺門前に着いたのは五月九日午前九時すぎであった。

◇

門前には今日の盛儀の前奏曲としてすでに賑々しい人出であった。式に参列の人々ははや、本堂や控席に時のいたるを待っている。我らは今日の晋山の主人三浦承天老師とは旧知であり、また東道役の河路君は、かつて先師盤竜禅師の許にあって、同門の交友でもあった因縁によりここに招かれたのであった。極めて内輪の親類格の間柄であるので、参列の席をはずして勝手知った寺内を、河路君は次から次と案内してくれた。

境内は蘇州寒山寺を模したということだが、寺門を入って右側に巌石を抉った洞窟が無数にあるのはすこぶる面白い。達磨大師が面壁九年の少林寺後庭も、こんなものではなかったかと想われる。ただ遺憾な点はこの古色蒼然として寂々たる洞窟の前に、現代石造の碑柱が立っていることだ。せっかく創設者の苦心にさらに時代を加えて成った、幽幻な味をブチ毀《こわ》していることである。時に記念の建碑も結構な企てであるが、それらは参道の左手の空地に建てればよいと思う。

◇

私はいつも思うのであるが、有名な寺院の建築は建築もさることながら、地域の選定にまず敬服するのである。高野山にしてもあの山上にあれだけの平原を見出したこと、また日光廟のある処にしても、身延や、久能山にしても、今この松島に来て瑞巌寺の地域にしても、よく交通不便な時代において景勝の地を発見し、これに建造物を配することと実に風流の至妙を極めている。これはすなわち美術の発祥は宗教芸術からであるから当然のことであると言えようが、それにしてもあまりに現代の僧侶たちに美術心がないのが不思議でならないのである。

晋山式の行列(緋笠の下が老師)

この寺も参道から寺門を振り返ると、門を通して松島の風光を絵のように望み、得も言われぬ佳感を与えらるるのである。寺門の建置にさえこれだけ苦心が払われているのだが、本堂や、廻廊や、前庭など一々並々ならぬ妙趣があって感服せしめらるるのである。私は参道脇の洞窟も一種の古美術品として尊重して、くれぐれも近代建築と併立させないように保存してほしいと思った。

◇

定刻十時晋山式は始まる。どこからともなく花火の爆音が聞こえてくる。老師を中央に差挟んだ美々しき行列が門前に近づいてきた。法類、知己は、参道の左右に居並んで仰迎する。頭に竜を頂いた竜宮のお使いのような童子数人が緋の衣の老師の前後を囲繞しつつ行列は進行するのである。老杉亭々とした参道に五彩燦爛としてすこぶる美観を呈した。

中門にいたって老師はしばし佇立して呪文のようなものを唱えて、さらに本堂に進んで晋山の偈を中声を以って吐かれた。しかして老師は一度は隠寮に入られて改めて壮厳なる挙式が始まった。幾度か仏前に焼香せられる姿を見た侍僧は仰山な手つきで、大さな香筥の蓋を取るのも儀式の作法かとも思った。多勢の僧侶たちが合唱する読経の音声は本堂をゆるがせ、参列の衆人の上を流れていた。本来は経文の功徳は音読にあるは言をまたないが、今までも時に感じていること、それは音読では意味は少しもわからない

晋山を待つ法類と信徒

から、もしもこれを訓読してもらったら全体は諒解できないまでも、処々でもあるいは一句でも、心根に銘じ徹することもあり、これによって仏縁の生ずることもあろうと思うのだが、いついかなる処でも音読ばかりでさっぱり解釈がつかぬのは遺憾なように思われる。

◇

式は正午に閉じられた。我らは室にいたり老師に祝辞を述べて門外の県営のパークホテルに入って、昼食をとりつつ古人が選んだ日本三景の一松島の風光に浸っていた。

瑞巌寺は伊達正宗の発願で造営せられたもので、本尊は正宗自身の木像を奉安し、仏はむしろ脇になっているのがこの寺の特徴であると言う。発願者自身を本尊とした寺はあまり

白鷗楼より五大堂の遠望

ほかにないようだ。これは正宗の自信力の顕現ではあるまいか、それはとにかく創建当時のこのあたりの平安静寂、海岸と言っても幾多島嶼と入江を有する海は、荒波に襲わるることはない平和な海であったろう。海は今も昔に変わりがあるまいが何と俗地と変化してしまったことか、多数観光遊覧客を迎えるままになんらの指導方針もなく低劣なる大厦高楼群立するには嗟《さ》

嘆《たん》した。かくて清澄なる海水も時代とともに汚濁していくのも止むないことだろう。結局は国家機関によって、あらゆる勝景の地に対して有力なる指導精神を与えるよりほかないことだろうが、いつの世に果たして可能なるや、これも夢もの語りになりそうだ。

◇

かくて雄島に頼賢碑を見て復路を電車によりて仙台に帰ったのが午後五時であった。今度は駅前の仙台ホテルに入ったところが、前夜の想像とは大きな相違で、改築されて著しく文化施設を有し待遇も懇切であって我らは意を安じた。

翌朝は東北大学の福井教授のご案内で、平泉の金色堂を案内せられた。これらについて拙き所感もないではないが後日に譲ることにした。

『星岡』昭和十二年七月号(八十号)所載

舟より見た雄島

食味雑記

鮎の味を語る

ここには調理法のことはいわない、鮎そのものの品質味を記してみた

もう大抵の人が鮎を喰べ飽きているこの頃、鮎の味を語る記事は少々魅力が少ないが、また喰べ飽きた頃だからこの記事が有意義に読まれるかも知れない。そしてまた実際は（この頃）土用入前数日が時季としては美味いのだ。それはさておき、自分の体験から得た鮎の味を種々の角度から述べてみるのも何かの参考になろう。

さて鮎は結局どこの鮎が美味いか？　とは、よく聞く質問であるが、同時に鮎ほどお国自慢のものもいないようだ。加賀山中のT氏などは「蟋蟀橋の下で獲ったものでなくては鮎でない」ようなことを言うし、揖斐川に発電所を持つF氏、さては九州の福岡のO氏、石見のS氏など皆、お国の鮎でなくては納まらぬ。これには種々の理由もあろうけれど、海魚や、獣肉は自分らの郷里と無関係な場合が多いが、鮎ばかりは幼少の頃から特別の親しさを以って見られている関係で、郷土愛から出発するらしい。

余談に渉るが郷土愛について、私はひとつの解釈を持っている。「それは厳密にいえばその人自身が郷土の土から生まれたからである。父母は郷土の水を飲み、空気を吸い土地に産する

食物に身体の営養を受くる以上、生まれた子供は郷土の土から生まれたに違いないではないか」。

そして生まれてからも郷土の水に育つ子供は、要するに郷土の土が母体ではないかという結論になる。自分の母体は自分であらねばならぬから、母体に愛着を感ずるは自然である。

私はこう解釈しているのである。だから生まれおちてすぐほかへ移り住んだ者はそれほど郷里に愛を持たないのもこの理からと思うのである。

◇

さて鮎の事に話を戻して考えると、私ら京都で生まれたものは、まず保津川、嵐峡の鮎がよいのである。少年の頃、嵐山に遊んで渡月橋畔で漁師たちが、地引き網のようなもので、遠巻きに川の中央から鮎を寄せてくるにしたがって密集した鮎が、ピチピチ水面に跳ね上がるのを、フンダンに漁獲するのを長時間眺めておったことを今なお明瞭に記憶している。

その頃でも鮎は相当の高価でなかなか子供の口には入らなかったが、親父や兄が、いかに賞美したかを記憶している。

保津川下りで有名な、保津の急流を上って亀岡までの間で獲れるのでなくてはならぬなど皮肉を言う人もあるが、一応の道理ではある。また日本海に落ちる由良川の上流に当たる、山家、和知、大野あたりで獲れるもの、これらを和知と総称しているが、ここのよいのももちろんである。南禅寺の瓢亭など古くから和知を引いているが、和知も保津も要するに丹波の山々を水源地として急流を持つ川であって、ここの水質が、鮎を良質に生育するに最も必要な分子を含有しているからでなくてはならぬ。しかし水質だけよくても発育するものではなく、適当な急流が伴わねばならぬから山脈の形状にも関係があろう。専門的な学者は別な研究があろうけれど、私ら食味を主とするものから端的にいえば、鮎の味は山にあると言いたいのである。お国自慢の方々も必ずや鮎の産する処には以上の条件の備わらぬ処はないと思う。ただもっと厳密にいえば、その土地ごとに山形水質の変化があって、そこに鮎の味にも、多少の差異があろうというものである。

◇

さて鮎がなぜに急流を好むか、またその特質についてはこれも専門学者の研究があろうが、私ら現在活鮎の日々輸送されつつあるものを常に見て不思議に思うのである。特別貨車に水とともに桶に入れた鮎に、干杓《ひしゃく》で水を上方より落としつつ運ぶのであって、もしこれを停止したら、二、三分で水面に躍ね上がり、やがて腹を上にして倒れるのである。要するに常に非常に激しい刺激の中でないと生存しないという。またここに成長の速やかな特質もあるらしい、これは折があれば専門家に質《たず》ねてみたいと思っている。

◇

さていよいよどんな鮎が美味いかという眼目になると、我々は職業柄日々多数の鮎を目撃し、食味しつつあるが、結局、本当に美味い鮎は稀有だということは断言できる。和知へ行って漁獲したものをすぐ喰ったからと言ってどれでも美味いという訳ではない。生育にも幾多差別があるのは、形の上で大小があるばかりでなく、肥えかげん、油ののりかげん、に一々差異があって絶賛に値するような鮎は容易に得られないのである。

◇

岐阜の鮎などと言っても鵜飼の遊覧船に乗っていては鵜匠が獲った鮎はすぐには喰わせない規定だが、しかし鵜匠に直接談判して、内密に鵜の口から吐いたものを買い取って焼いて喰ったことがあるが、決して美味しいものではなかった。鵜飼の鮎は数年前までは鵜の歯で一気に殺して獲るから鵜飼のものが一番よいなどと評価されもしたが、自分の喰べたその時の鮎は油くさい腸《はらわた》を持っていて喰えなかった。また数年前東京へもぼつぼつ生鮎が輸送された頃は無暗に生鮎を珍重して、いつまでも生洲《いけす》に生かしておいた。さてこれを焼いたら油気もなく、まるで腸ぬきのようになって骨も固くなっていたことを覚えている。鮎のような生育の速やかなものは、天然の河川から上げたらすぐ瘠せ始めて時間とともに不味いものになるのである。産地でさえもなかなか優品に出くわさないものを生洲になどおいたらなおさら不味くなるのは当然で、生鮎必ずしも尊からずである。

◇

昨年七月初旬のある日丹波山家に鮎漁に招待せられたことがあった。山家は和知より一駅下流にあたり、それだけ品質も和知より落つるかとも思うが、それでもなかなかの自慢である。喰った鮎が一向うまくないので、料亭の主人を招き、充分な詮義をしたが、まさにこの処の産ではあったが、昨年は初春厳寒のために鮎の発育がおくれて脂肪が乗らないためであった。産地といえども必ず美味いとは断言できない証拠を得たことがあった。

◇

ここまで書いてくると鮎のうまいのは絶無のような話になるが、今までに自分の喰った鮎で真に美味かったのは二度である。一度は十数年前のある夏家族連れで多摩川に鮎漁に出かけた時だ。多摩川の鮎なんて馬鹿にしておったが、とにかく、鵜羽で追って投網で獲るのであるが、僅々二十余疋の獲もののうち、三四疋だけは、不手際な漁師の焼き方ではあったが、箸で口へ運ぶうちに黄色い油がぽたぽたたれて浴衣を汚したことがあったが、それは慥《たし》かに美味いものであった。またひとつは京都洛西、高雄に病兒が保養しておった時のことだ。高雄から清滝までの間の溪流で素人の内職に獲ったものを冷蔵設備もない仮住居であるので、買いとるままに焼いておいて、夕食の菜にするのであるが、つまり焼ざましである、その五、六寸の小鮎の全身に油が渾然《こんぜん》と融合して、頭骨も胴骨も、少しも舌にさわらぬ、まるで鮎の形状をした搾えもののようであったことだ。人の好みにもよることだが、元来が淡味だから鮎だけは脂肪が充分に乗ったものでないとうまくないと思う。

◇

食通の間で総じて鮎の味が昔に比して落ちたと言う人があるが、これについては私の考えはほとんど全国に渉って琵琶湖の仔鮎が放流せられるからであると思っている。しかしもし天産のままであったら、美味いも不味いも、鮎はもうとっくに種切れになっている筈であって、その点を考えると放流鮎の功徳を替えなければならぬと思う。年々歳々増産し、品質の差異上下こそあれ、市場に横溢し、市人の夏の食味を賑わせる点は放流の効果とせねばならぬ。放流の企ては大正三年頃であったと思うが、京都府の技師落合清氏が琵琶湖に夥しく産する仔鮎を、丹波の周山に約一万疋、自動車のまだ不自由な頃万難を廃して輸送放流せられたのが最初と思っている。当時この輸送を引き受けたのが、今大阪茶寮へ生鮎を運んでいる、京都縄手の金井老人である。

◇

何しろ琵琶湖には初春の頃、氷魚として無数に獲れるものが鮎の幼魚であって、これは干ものにして二杯酢で食べると誠にうまいものだ。またこれがやや長じて湖畔の河川を(大溝あたりなどでは)上がるままに獲るままに飴煮にして廉価で市場へ捌かれていたものだ。この鮎の子を急流のある河川に放流してよく天然の成長を見るや、否や？ これに着眼したのが実に放流鮎企画の初めである。琵琶湖には九月頃になると、孕魚子《ハラミザコ》と言って二寸くらいまでの子持の鮎が、無数に産するが、これが翌年の仔鮎の母体である。聞く処によれば放流鮎は愛知県、岐阜県、東京府、三重県、新潟県、九州方面、石川県といいたる処へ夥しく輸送されるのであって、日本は琵琶湖を有する限り、放流の技術が進む限り、鮎の不作はないらしい。しかし各河川にも飽和点以上の鮎は放流しても成育が不完全なのは言うまでもないと聞いた。

◇

鮎の味を語る結論としては申すまでもなく、鮎ほど生臭くない魚類は珍しい。生臭いどころか死んでも香気を発する尊さを持っていると思う。また淡々として有るか無きかの味、漂渺《ひょうびょう》とする処に鮎の味があり、お国自慢の争いも起きる。しかし放流始まって、増産し大衆を満足せしめているが、味は放流以前に比して残念ながら落ちたように思われる。

しかし茶寮では産地で友釣りで釣ったものを、生かしたまま厳重な選別をして最も短時間に取り寄せているのであって、もし今の鮎がうまくないなどと言う人には「お喰べなさるな」といいたい。「夏の食膳に、鮎がない時の淋しさをお味わいなさい」といいたい。（七月十八日記）

『星岡』昭和十二年八月号（八十一号）所載

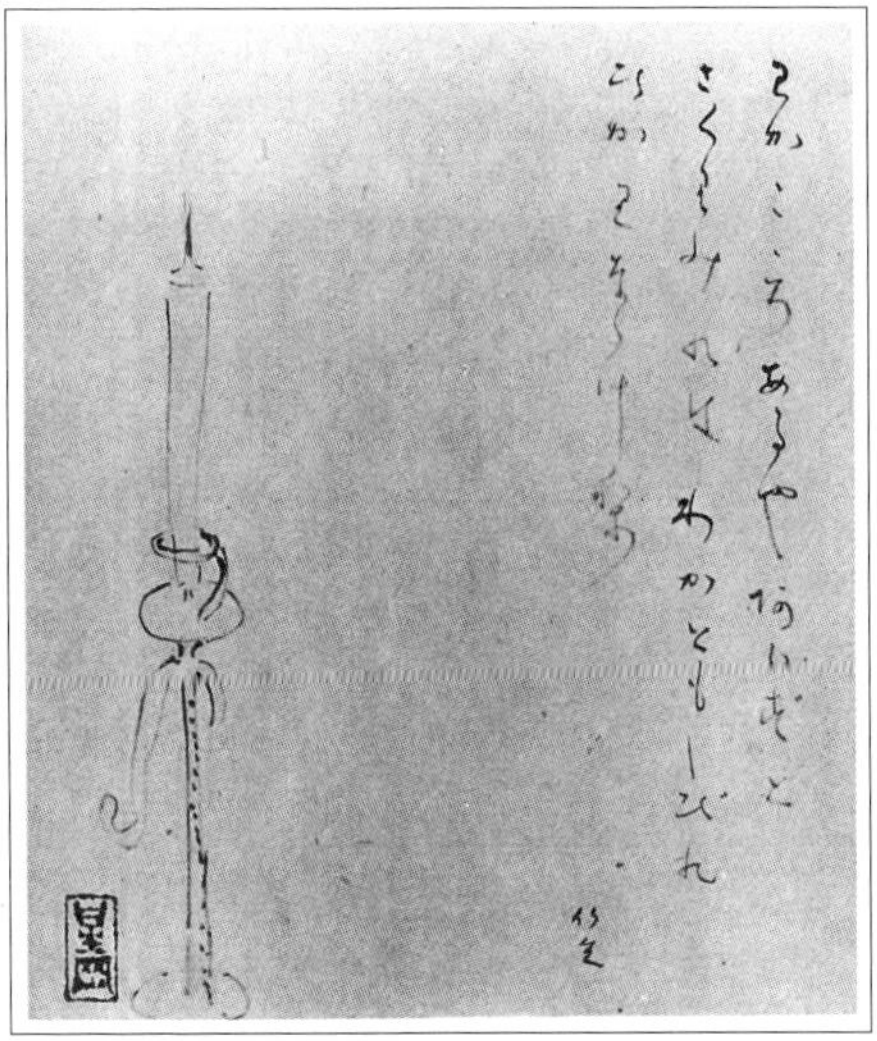

灯火　竹白筆（大正十二〜十五年頃）

食味雑記

果物の盛んな英国において、しかも何ひとつ自由ならざるなき王者の位置にありながら、ヴィクトリア女王は、ある時マンゴーを食べたいと思ったが、時と場所との関係でついに望みを達することができなかった。

傾国の威勢をもてる唐の楊貴妃が、生のライチを南京から早馬で取り寄せて喰べたということが、彼の女の贅を語る語り草となっている。

今から考えるとおかしいくらいのものである。

楊貴妃の威勢を以ってようやく食べ得たライチは、今では日本へもどんどん、這入っている。もっとも近年、ライチに害虫の懸念があって、輸入禁止となっているが。

◇

この四五年、そのためライチを日本でも造るようになった。本年日本全国を通じて稔ったライチはわずか百粒あまりではあったが——私はそのひとつを食べてみたが、樹で稔《みの》ったものは水分も豊かにさすがにうまい、と思った。

◇

五月から六月にかけて、時あたかも麦の芽が一夜に一寸も二寸も伸びるかと思われる初夏のすがすがしい青葉の頃、人も薄着になって躰が伸び伸びとする気分で畑へ行ってもいで来た苺にミルクをかけて食べるのは、いかにも季節らしい楽しい味覚であった。

ところがこの頃では、苺は十二月から一月二月に出るので、肝腎の苺の季節に苺を食っても感興がなくなった。

実際、季節の苺と言っても、温室物を食べ飽きた後ではあるし、また品質からも味からも温室物に叶わないので、うまくない。

これはひとつの例であるが、吾々は食べ物について古来の季節的喜びを失いつつあるのである。

◇

大正四年頃であった。鎌倉に扇州園という農園があって、ここで栽培したメロンを、梨本宮家へ献上するとて購入して、部屋へおいた。メロンはパラピン紙に包んで籠に入れてあるのだが、その芳香は部屋の中へ這入ると直ちに鼻を打つ程であった。それはスカレット種で、当時百匁一円程で高価なものに感じられた。

この頃のメロンは鼻を持っていっても香がしない。

メロンは竜頭に割目が出るまで木で熟させないと本当の味も香も出ない。そんなメロンは近頃では千疋屋へもなかなか出なくなった。もたぬので皆早もぎをするためで遺憾なことである。

昔、そういう香のよいメロンを刳り抜いて中へウイスキーを入れてそのまま冷蔵庫へ入れておいて呑んだこともあったが、これもうまいものである。

◇

西洋料理を食って、どうも物足らんというので、後からよく寿司を食ったことがある。日本人はどこの国の料理でも食うが、最後は番茶でないと納まらぬようだ、紅茶やコーヒーでは後口が悪い。

そこで西洋料理を食べて、お寿司を喰って、おしまいに香物で茶漬を食うというのもひとつの様式になるのではないか。たとえば近年はビフテキを山葵ソースで食べるなどというのも、その傾向の一であろう。だんだん現代風に総合的な食事形式ができるものと思われる。もっともこういう食事を、なんら拘束されることのない自由な食事というのであろう。

◇

誰でも茶碗を観る人はひっくり返して高台を観る。それと同じように、柿もひっくり返して、蔕《へた》を見ると善悪がわかる。蔕に虫が着かず、ぴったりとはりついている柿は、入念に作られたものでうまい。

柿は昔から京都奈良附近の本御所、岐阜の富有が伝統的な名柿として知られていた。ことに岐阜の富有を出雲の木村という人が入念に栽培したものは、味もよく、水々しくて、実にうまい柿であった。

ところが、その柿も後に紀州や岡山あたりで模倣的につくり出すようになったら、本家の木村が振わなくなった。二、三年前からは遅ればせに地元の岐阜でもその方法をやっている。

一ヶ所誰か先覚者が苦心惨憺してうまいものを造ると、すぐそのマネがいたる所にできる。肝腎の風味はそっちのけにして、外観だけは本物に叶うような立派なものが、しかもすこぶる安価にできて、本家は潰されるのが常だ。

一般的には確かにそれで向上するが、特種な高級品は亡ぼされる。そういう特種品は特種品でなんとか保存するように業界によい方法はないものか。結局は栽培家にそれだけの道楽気がないと成立しないものらしい。

去年福寿柿というものを鳥取で初めて見た。立長のナツメ型のコロ柿式のものであるが、腰の部分、蔕に近い所が二重か三重になっていていかにも寿老人のような風格がある。食うてみたらうまいが一個一円でないと引合わんとのことであった。本当に理想的に作ると目茶苦茶に高くつくことになるものであるらしいが、一円ではどうも売り切れんようだ。

真桑瓜は、現代まったく亡びて終わっている。あれは、いわば和製のメロンというもので、幾分品の落ちる所があるが、野趣の豊かなものであるから、いいものがあれば、茶寮の田舎家などで賞味するによいものと思う。先日ある人に聞いたら、自分の郷里では今でも盛んに作って食べているとのこと、なんとかそれの立派なものを得たいと目下研究中である、できたら大いに賞味してみたいと思っている。

◇

活きた魚、活鯛、活鱸《すずき》など、活魚を尊ぶ風があるが、この頃活きた魚はまずくなった。あれは魚自体の味を犠牲にして生洲《いけす》に活かしておくからである。これも果物の早もぎと好一対をなす需給関係から出た話である。うまいものを食おうと思えば、だから、物について一々選択を厳にしていくよりほかはない。

『星岡』昭和十二年九月号（八十二号）所載

杜若　竹白筆（昭和十二～十五年頃）

このごろの二つのおもいで

下りの燕が静岡駅に入った、ここにも出征を見送る盛んな軍歌の声が、列車の停止するにしたがって聞こえてくる。フト見ると自分らの乗っている車へ軍服、軍帽、拳銃、軍刀と厳しい用意をした壮年の士官が乗り込んで来た。相当の家の息子らしい、三十二、三歳であろう、立派な容貌をしている。その後ろから派手な美しい婦人が車内まで送ってきた。話の様子ではたしかに夫人だ。

プラットホームには友人や、事業関係の知人や、骨肉の兄弟らしい人々や、あとは在郷軍人、国防婦人会という連中、百数十名、手に手に国旗でタクトをとって「天に代りて不義を討つ」と合唱で勇ましい。

こういう見送りは各駅いたる処に見る情景で、誠に美しい。かくあってこそ出征後の兵士たち、今ぞ決死の奮戦という時に、この見送りの光景を限前に彷彿として勇気百倍すると聞く。しばし軍歌に聞きほれているうちに発車のベルが鳴り響いた。私は俄かに上がる万歳の歓声のうちに先刻車内まで見送っていた夫人の姿を探し求めた。それは夫君の窓の前に、なんと無表情な顔貌であろうか、佇立して握手をしようともしない。万歳の声は無心に一層高く響き、列車は緩やかに動き初めた。私は夫人の顔を見た。夫人の表情は動かない、もし動けば涙となるのであろう。

私はここに一幅の名画に接したような厳粛な気分に浸って、列車がいつしか青田の路線を走っているのも忘れていた。

◇

八月五日午後三時横浜岸壁から出帆する郵船日枝丸、五色のテープは縦横に交錯して、各人各様の感情を伝えているらしい。船上から投げおとす紙巻、野球に覚えのありそうな若人は遙かに上甲板の手すりに向けて投げ上げている。都合よく思う人に届くこともあるが、幾つもは舷べりを滑って怪しくも海中に糸を引いて没する。やっと手にとどいたと見ると、風の都合や、取り扱いの下手なためにプツリともいわないで切れてしまう。悔しいとまた新しいテープを力の限り投げ上げている。誠にここに運命の絆の縮図を見せられているようだ。もう最後の銅羅も鳴った。アト十分アト五分という時船上と陸上、多くの顔と顔は緊張して真剣の相を見せている。こういう時に見送りでもない異国の旅人としての外人たちは案外呑気な顔をしている。

◇

この船には遺外代議士の方々や、友人としては倉橋藤治郎君、(1)藤井実君、(2)三井物産の河野淌一君などがあるが、実は私の長女礼子が乗っている。娘は基督教女子青年会から派遣されてボストンのブース専門学校へ入学のため、予定の日数が来てここにこの船に乗り合わすことになったのであった。ことに三井の河野さんは娘の幼少の頃から知っていられ、すでに十余年も紐育《ニューヨーク》にあって、数年前帰国され、今また物産の商務を持っての再渡米であって、これがなんの約束もなく同船せられ何かとお世話になる。ただ不思議な天佑と感ずるよりほかはない。

◇

今し発船の汽笛が沖天に鳴った。いつも感ずることだが腹中まで響くような鈍強を持つ汽笛の音響は一沫の哀調を与える。娘はと見るとただ一人甲板に頑張って多くの人々とテープの遣り取りに懸命になって、汗は額を流れている。私は初めからテープを持つ気持ちになれなかった。私は言い残したことがあるようだ。数々の注意も、もっと入念に話しておきたかった。もう一度船上へ取って返して話してやりたいこともある。あれはどうするだろう、と考えを駆けめぐらすうちに船は岸壁を離れていくばかりだ。

「何ごとも天意に任せ」思いあまして益なきことだ。ここに意を安ずるよりほかはなかった。これまでに岸壁から先輩や友人たちを見送ったことは幾度かあった。が今初めて本当に見送った気持ちを知ったようだ。(九月二十一日)

『星岡』昭和十二年十月号（八十三号）所載

1 倉橋藤治郎：（くらはし とうじろう、一八八七～一九四六）滋賀生まれ。実業家、愛陶家。国際連盟総会日本代表随員などをつとめたのち実業界に転じ、工業図書、産業図書の社長、工業調査協会理事長などを歴任。『星岡』にもたびたび稿を寄せている。

2 藤井 実：（ふじい みのる、一八八一～一九六三）東京生まれ。陸上競技選手、のちに外交官。

加谷軍治君の戦死を悼む

「何？　加谷君が戦死したって？　うそだろう、それゃ誤報だ、冗談言ってはいけない。まだ上海に上陸したばかりじゃないか、そんな馬鹿なことがあるものか」とこう叫ばずにはいられなかった。

それは、昭和十二年九月三十日午後十時すぎ、私の室の電話が鳴って、鎌倉の拙宅から家内が涙声で伝えてきた時のことである。

拙宅からの電話はまだつづく「今お隣りの東京朝日の臼井さんが知らせてくれました。そしてこれから加谷さんの実家、鎌倉山之内へ訪問するんだとのことです」加谷君の戦死の第一報はかくして東朝社の臼井さんが洩らしてくれられたのだ。

◇

私はあの加谷君がと暗然とならずにはいられなかった。……何しろ十八歳で山王茶寮へ勤務して、検査で合格して二ヶ年甲府第四十九聯隊に入隊し、除隊後再び入寮、三年前大阪茶寮の開設について大阪支配人に任命して何くれとなく努力、精勤無比の忠実な人であって、九月九日応召があった時にも、店として相当支障を来たすことではあるが、御国のためと、一人の加谷君の出征を総員を以って祝福し、盛大な送別会を開いたのであった。平素の背広服を脱いで軍服となり、頭も五分刈となった加谷君は、めっきり若返り当年三十三歳とは見えなかった。私は「人は結局は運命だ。なかなか弾丸なんか当たるものじゃないよ。弾丸を怖れるものに却って当たるものだ」と激励したことを悔いずにはいられなかった。

上海への船中から手紙をよこした。どうやら大場鎮方面らしいとの文意であって、上陸後は、おそらく通信不可能だろうと記してあった。その手紙をつい二、三日前に受け取ったばかりじゃないか。

◇

幾ら朝日新聞だからと言っても誤報もあろう。これは到底信じられないから、さらに東朝本社に電話をかけて真偽を確かめた。深夜ではあるが当直か誰かが、丹念に調べてくれて返事をしてくれたが、その返事が確かなだけに、私の心は曇るのだ。なんでも新聞社では読者への奉仕として戦死者のことは最も精確に速やかに報道してくれるのだ。これがまた、各新聞社の競争だということだ。精確なことに感謝せずにはいられない筈だが、人は勝手なもので、なぜ間違っていないのだろうとあべこべに恨めしくなる。

◇

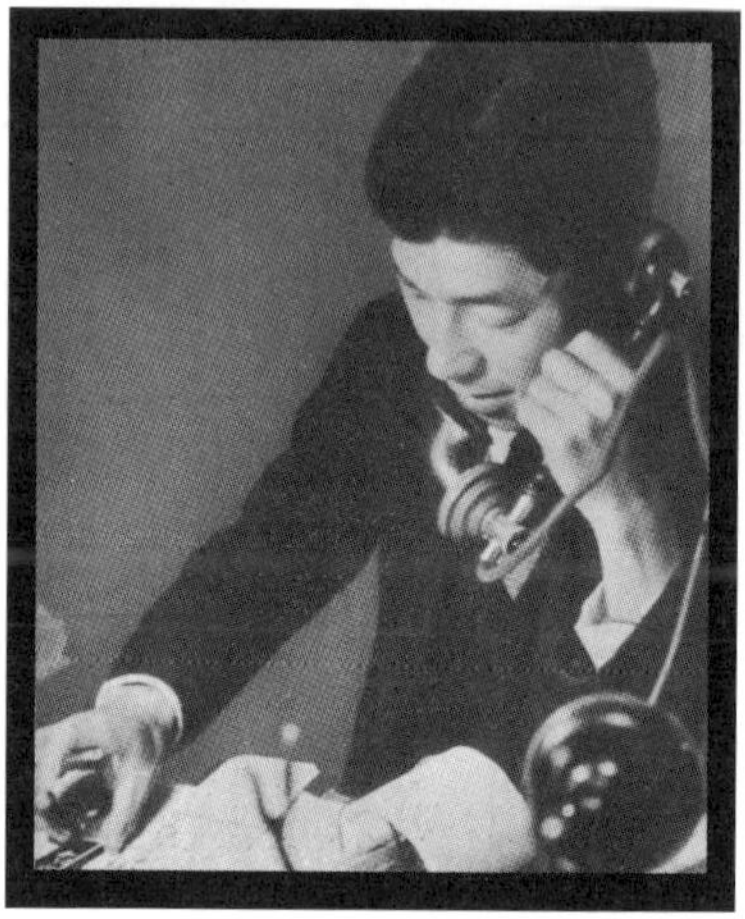
在りし日の面影——執務中の加谷氏

私は大阪茶寮の隣家に住む、加谷君の妻君のことをすぐに想い出した。応召の十日前に第二子のお産をして、私が名付け親となったのだ。

五つばかり名前を選んだ中から加谷君は「英二」というのを取った。この時にはもう出征が確定していたのだ。英雄の英、二男の二、かくして長男の軍一とともに遺して征ったのだ。妻君は産後の日立ちも充分ではない。その人にどうして知らせたものだろうか？　と迷った。しかし明日になれば、新聞紙にも載ることだろう。また、あちこちからの弔辞もあろう。突然に知ったら卒倒でもしやしないだろうか。出征者の妻君はそのくらいの覚悟はあるだろうとはいうものの、気弱き女性のことである。また、まのあたり遺骸に接するならば信じられようもしようが、戦死では電報一本で突如として、未亡人となるのでその人に、なんと挨拶したものであろうか。ただお国のため尊き犠牲としての悦びを以って死別の悲しみをお忘れなさいと言っても、本人には簡単にはあきらめられるものではない。否ナ私情の悲しみは、悲しみとして、泣きたいだけお泣きなさい。そしてその涙の底から湧き出る悦びを永遠にお持ちなさい。幸いに二人の遺児を亡き夫と思って、その生長のために全能をお尽しなさい。私ら周囲の者は微力ながら助勢に吝《やぶさ》かなものではない。また、これこそ銃後の者の勤めだなどと感慨に耽っていたが、時は刻々に移る。すぐ大阪寮へ電話して夜更《ふ》けではあるが、真偽不明のままとして一応知らせることにした。かかることに最も人情の厚い河路君に万事を托した。

しかしなお万一の誤報を念じて直ちに祭壇を設けて総員徹宵して祈願することとした。

◇

翌十月一日朝刊、名誉の戦死者『津田部隊』戦死伍長、加谷軍治、と渺《びょう》たる一行に万事休す。小さな名もなき草の芽が生るるにも、天地の大きな力により、千年の巨木が倒るるにも限りなき輪廻の因縁による。加谷君の死も所詮は三十三歳を一期とした運命であったのだ。加谷一家に止まらず、日々新聞紙上に報ぜらるる名誉の戦死者一々記憶に止まらぬ。その銘々の人々についても、幾多の想出はあろう。戦死者の全霊に微かな黙禱を捧げる。

鎌倉版の各新聞紙、大朝大阪版には加谷君の肖像を載せて戦死を報じ、実家を訪問した記事には七十に近い実父が「お国のために役に立ったか」と悲痛な言が載せられていた。

しかしながら聯隊からは、まだ正式に報告されない。一縷の望みは新聞記事の誤謬たらんことで、せめて戦傷であってほしいことだ。片手、片足となっても、職業柄働いてもらえる立場にあると念じたが、それも結局愚痴というものだ。ついに聯隊長の名において丁寧なる文意で、九月二十九日戦死の確報を受け取ってしまった。九月二十九日は加谷君実母の祥月命日であって、奇しき因縁ではある。嗚呼悲しい哉。

◇

加谷君という人は幼少の頃から真面目であった。遊ぶことより働いている方が好きらしい。皆んなで遠足旅行をする時にも、概ね留守居役で甘んじている人だ。加谷君と言うよりは軍ちゃんと言う方が親しみがある。何しろ十八歳から星岡へ来て十五年も勤続した人である。それだけでも功労者といえる。その上精励恪勤、清廉潔白、この文字を、文字通り真にあてはめることはなかなか難しいものたが、軍ちゃんは正に的確に相当する人である。これは敢えて私から推奨するまでもない。およそ星岡へ出入の万人の認むる処である。

それからいかに事務が幅輳して、うるさい時があっても、決して投げ出さない人であった。辛棒の強い性格で皆が感心している。先日も実家を訪問したら小学校時代の学校手帳が仏前にあった。成績は全甲であった。軍隊でも成績優良で二ヶ年で伍長に昇進した。このたびの出征には軍曹の資格だったということだ。

◇

加谷君のこの働くことの好きなのは、結局は責任感の強さから生まれてくるのだと私は認めている。加谷君だって人間だから遊びの嫌いな筈はないが、無責任に遊んでしまったら良心の呵責に遇うから、良心に忠実に責任を果たさんとすれば、勢い働かざるを得ないのであって、誠に今の世に珍しい好漢であったのだ。

◇

大阪茶寮に出入の理髪師は、多勢の出征者の方々を五分刈頭にしました、しかしその中でただ一人加谷さんだけは左右に分けた前髪のよい処を一束、三寸ばかり取り除いてお持帰りになりました、生きて帰らぬ覚悟はこの時すでに立派に持っておいででした、と来客に語っている。その髪は遺骨のまだ届かぬ妻君の唯一の慰めともなり、悲しみともなって、今は写真とともに飾られている。

◇

遺骨が届いたら大船町々葬が営まれ、その上で東西茶寮で盛大な慰霊祭を執行する予定で、これこそ加谷君の戦死に対するせめてもの慰めであり、また在職中の功労を表彰する当然の勤めであると思っている。（昭和十二年十月十日記）

『星岡』昭和十二年十一月号（八十四号）所載

北支の旅

北京の三日

初めて北京に来た。時は、十二月五日北寧列車(京奉線)が一時間半も遅れて、午後一時すぎ前門《チェンメン》東站《えき》についたのだ。プラットホームの広大なこともちろん汽車も広軌で大きいには大きいが。

停車場の建造物も独逸《ドイツ》風のガッシリしたものだが一歩駅を出るとタクシーがあるが、これが十年も以前の古物珍型のフォードのがたがた。駅前の自動車は日本でもお粗末だが、ここはまた円太郎式の古代クーペ型と来て、むしろ面白い。この一事にも現代の支那を物語る材料が拾われよう。

自動車の運転手は英語は皆うまい。我々英語が不得手なものはしかたがない。漢字で行先きを示すと、オーケーだ。大体支那語の発音というものは漢字を読むのに英語のような響を出すのはどういう訳だろう。あの発音から聞くと、英語や仏語に似ているようだ。僕には訳がわからぬ。しかしとにかく以前と言っても数ヶ月前(事変前)までは欧米の勢力が著しく蔓《はびこ》っていたようだが、今はわずかの期間の差ではあるが、日本人が幅がきくようだ。言葉なんかどうでもよい、権勢のあるものが手を挙げれば意味はわかるのだ。もちろん僕らのごときものが、俄かにここに出向くのも結局は、我国の権勢が優勢になったからだ。在北京日本人の人口も日々夥しき増加だ、愉快だ。

◇

北京の街は広漠だ。地図で見ると宿の扶桑館まで歩いて行けそうだが、自動車でも相当の距離だ。道路も広い。支那の平原には一帯樹木は少ない。あるいは育たぬのかとも思ったが北京には珍しく樹木が多い。市中には落葉しているが相当の大木が街路樹となっている。

宿の扶桑館は満鉄の経営であるが、もう二、三十年前の建物で改築に迫られているようだ。それに引きかえ北京飯店《ホテル》、徳国飯店など高層建築の壮観で、ここにも、欧米勢力の優越を認められるが、今はホールなど日本軍人で雑沓している。しかし扶桑館はなんとなく宿り心地のよい家だ。それに料理(和食)も比較的よろしいと思って、ある人に聞いたら、あれが北京第一の日本料理で今では時々軍部特務部巨頭の宴会が催されるということだ。

◇

宿へついて散髪がのびていたので、隣家から支那人理髪師を呼んだ。なかなか手際がよい。顔をあたって洗ってから頬をなでてみよと手真似で言う。触れてみると剃られた時に感じたより以上にうまく感心した。こういう手際は支那人が上手らしい。そしてこの頃では我々から、

大和殿を見る（其一）

一語でも日本語を教わりたい心持ちを持っているくらいで、我々邦人に対して毛頭も不快なものを持っていないようだ。市中も例の事変前後数日間は支那側の戒厳令が布かれてあって、一時は青竜刀を持った支那兵で充満したそうだが、数日間に四散して後には日本兵が警備する事になった。斯くして北京には一弾をも発せず、無疵で占領されたことは不思議なような天恵だ。

市中の雑沓は殷盛を極めている。商売は嬉々としてその業に安んじているようだ。まだ晩は幾分早じまいをするらしいが。

◇

日本から初めてくるものは誰しも参観するであろうように、旧王城内の古物陳列所と故宮博物館を我々も見物した。

古物陳列所なんて名称は日本人にはピント来ない。古道具が並んでいるような気がして面白くなかったが、まず王城を見物するくらいのつもりでいた。あまり予備知識を持たない

大和殿を見る（其二）

ものだから、つい馬鹿にしていたが、とにかく、東華門外で観覧料とともに自動車の通門券を購って城中に乗り入れ、大和門外で下車した。

この門の階段を上ってくぐると、王城三殿の第一大和殿の前庭に出る。

ただ見る豪壮、広大、支那四百余州を統べる帝王の居城なるかな！　と、感嘆せざるを得なかった。歴史家でもない、建築家でもない僕らはここにあらゆる歴史上の悲喜劇を生んだことや、建築の一々についてどういう説明をもよくすることができない。が、しかし日本で巨大な建築を誇り規模の宏壮なことなどは、この王城を前にしては語ることができない。いささか恥ずかしい心地がした。しかし否な待て何の恥ずる処ぞ。もう南京は陥落しているのだ。巨鯨のような支那は今や日東の鯱に葬られたのだ。これが事実なのだ、と思うと愉快になってくる。

◇

故宮博物館内中路の一部

とにかく見物しようと、さて仔細に見ると、たびたびの政変に相当に荒廃しているのが目につく。見渡す限りの大理石の階段なども、雨露のために表皮が磨滅して美観を失っている。殿内には旧帝の宝座だとか、鳥の羽で作ったり、象牙や、竹細工の精巧な掛額や、旧朝の位階の式服や、宛然博物館の観がある。僕らの入った大和門から奥に三殿あって、第一が大和殿、ついで中和殿、保和殿とあって、ここまでを外朝として、奥は内庭になっている。中で面白いのは中和殿に袁世凱の頃防寒のためにスチームを設備し、青銅板に竜の模様を切り抜き装備としたもので、見苦しい鉄管パイプを隠してあることだ。それにしても明、清朝時代に広大なこれらの王宮内の暖房はどうしていたものだろうかと不思議に思った。

◇

古物陳列所としての最後に武英殿を見る。この内部の陳列棚は一番完備しているようだ。中に陳列されてある古美術もたびたびの政変で南方諸方に散逸したとのことであるが、それでも一番完備し、陶磁器や、玉器類も、比較的名品が保存せられているようだ。すべて、陳列棚の鍵穴に日本憲兵隊の封印が施してあるのも心強く思った。武英殿内で最も気に入ったものは明代の作で各種五彩の玉を以って作られた、花卉、桃花、水仙、などの盆栽の鉢で、これが時代色を帯びたもの数十鉢あり、美観であった。

これだけの見物にも相当疲労を覚え、参観地域の広さを知った。

◇

待たせてあった自動車に乗って、王城の後方内廷にある故宮博物館に廻った。ここは外朝三殿のごとき巨大な建物はないが地域は広く、明清両朝を通じて帝后の日常生活を行われた、いわば家庭であるが、内中、内東、内西、外東、外西の五路に分かたれ、各区に大小の宮殿建物、無数ありて、このうちに書画、古陶磁、銅器、玉器、拓本など種別に陳列してあるが、陳列品は一向つまらぬ。金閣寺の宝物のようで一向感心しなかった。

元来これらにあった古美術品は、唐、宋、元、明、清、いわゆる支那美術の精粋が帝宝として保存されてあったものだが、今はほとんど散逸して、場所ふさぎにつまらぬものばかり羅列されてあるのは

北京天安門前通り（自動車中より）

遺憾なことだが、それにしても内廷としての模様の大略を知ることができて興味を覚えた。

◇

翌日は午後を清朝の離宮であった万寿山の見物に費やした。大理石で造られた、石舫などがあり、今までに写真で見たことがある物でお馴染だなどと考えながら車を飛ばせた。北京の郊外十二哩《マイル》の地点、そこへの道路は中央部に舗装があり、左右にアカシヤの並木を植えた現代風である。北京が古い都であるだけに、その郊外の風色もさすがに奥床しさがある。万寿山から玉泉山のあたり一帯の山脈があり、一望の平野の中にも異彩を放ち風情がある。所々に部落があるが、これが宛然画を作している

北京知方維治会

処も多い。折ふし十二月の初めながら、あらゆる河川、湖沢は氷結しているが、日中日光にあたる処はやや温かく子供などが呑気に遊び興じているが、日暮頃になると寒気一時に来たり、せっかく解けかかった池水も再び氷化するのである。ただこの沿道に湧水でもあるのか少部分に澄明な清水が潺々《せんせん》として流れ、家鴨が遊泳しておる。氷結しておる河面に少しでも溶水を見

ることは、我々日本人にはたまらなく嬉しいことだ。たとえばそれは頑固な心の持主にも何ごとかを悟る処あって微笑を示すようなものであろう。

◇

万寿山の建築もしばしば写真で見る処であるが、来てみるとこれも相当大規模で、ゆるゆる見物すると丸一日を費やすことになろう。我々急行遊覧と言っても有名な長廊、何丁あるか十丁くらいもつづいて、これには閉口した。石階を上り楼閣を見物し、また石階を上るという風に幾度も幾度もあって壮観無比だ。頂上の部分には五重の塔に似た壮麗なものがある。なんでも光緒十四年(明治二十一年)西太后が海軍拡張費の中から大半を削った莫大な費用で大修繕をした結果、今日の壮観を保っているとのことだ。これも、支那ならではできない芸当であろう。

しかしこの建築物も今では大半破損して五重塔にも登ることができないし、石階の陶欄も危なくて手を触れがたい状態であるが、とにかくここに遊覧する観光人は年々夥し

万寿山への途中家鴨の遊泳

いことであろう。今は観覧料を徴しない。日本軍人諸君は警備の寸暇に交代に見物せられているようだ。空には飛行機あり、地に日本軍人あり、この遊覧の一地区にもまた心強さを覚ゆるのであった。

◇

北京で西川先生を訪問した時「君！ 今はちょうど、臨時政府成立の直前だから、要路の人を訪問するのは無理だ。それよりまず見物したまえ。万寿山、玉泉山、香山なんてよい処だ、玉泉山か香山のあたりに星岡の支店を拵えたらどうだ。初めから大きくせずに、閑雅にやってはどうだネ」などと水を向けられたのだが、今度の旅行は初めから視察を主としておるのだから、さっそく見物に出かけたものだ。

万寿山の高楼仰観

万寿山を見物中にフト頭に浮んだことがあった。それは一国の王者が権勢のままに贅を尽し、豪壮な造営物を後世に遺すことは、無意義なように思われたが、今まのあたり、北京王宮の豪華、万寿山の壮麗を見る時に、それが必ずしも無意義ではない。むしろ実用化した現代建築や土木工事が、後世遊覧客を招き得るだろうかという疑問だ。

王者の権威を以ってなされた贅は、当時のあらゆる文化工作を動員して完成したもので、その時すでに美術や工芸を進歩向上せしめたであろうし、しかして今ここにその残滓たるものを我々は喜んで見物しているではないか。かくして遊覧客は年々歳々増加しつつあるではないか。これによって生活しつゝある者が、夥しくあるではないか。などと考えさせられた。

万寿山もいずれ相当な修理が必要であろう。修理すれば永久の遊覧地であろう。

玉泉山庭内　白皮松

◇

支那は水が汚い、濁っているという先入感を我々は持っている。支那には日本人が想像するような清水はないものと考えていた。北京は水がよい処と聞いて嬉しいような、安心したような心地がした。北京に来て水道のカランを捻りながら、それでもまだ不安に思って、女中にこのまま呑んでよいか尋ねた。

北京の水道は玉泉山から引いてある、と聞

いても玉泉山を見ぬものにはわからない。

今度の旅行中で最も気に入ったものは、玉泉山の清水であった。

万寿山の長廊に相当に疲労して、待たせてあった自動車に入って玉泉山に走らせた。万寿山の高楼からも、玉泉山の玉峰塔を遠望することができた。北方へ約一里くらいあるか、この途中の道路も両側はアカシヤの並木で理想的である。しかしながら道路に沿った小溝などは、不相変《あいかわらず》氷結している。ところが玉泉山に近づいた頃には不思議に氷結を見ない。ここが玉泉山の入口だという処で車を下りた。そこに巾二間程の小川があり、橋がある。この橋を渡って玉泉山に入るのであるが、前の小川の水の透澄の美しさ、思わず橋上より嘆声を発した。なんて綺麗な水だろう。しかも滔々と流れているではないか。日本ならばこんな当然なことが支那では珍しい。嬉しいことだ。

玉泉山の石塔(彫刻)

◇

玉泉山は前清の離宮址であるそうな。清の康熙年間離宮が営造せられた。そして天下第一泉を以って知られた処だという。門を入ると小池があって一隅から湧出する清水、これが門外へ流れているのである。あまりに美しいから、案内人に清水を呑みたいといったら、コップを持ってきたが一向汲んでくれないで、ずんずん先に立って行く。すると白皮松だというのを見ろと言う、仙人でも住みそうな庭にある。また先へ立って行くままに跟《つ》いて行くと、船付場のような処があり、池は大きく眼前に展開した。さあ清澄綺麗な水、言語に絶するものがあった。池中数尺の深さの底に野蜀葵に似た水艸が繁っている。水は紫紺の水晶か、碧緑の水晶か。素的！　素的！　と叫ばずにはいられなかった。

玉泉山奥大池
船付場水の澄明驚くべきものあり

それでも案内人はまだ水を汲み取ってくれない。どうしたことかと思っていると、池辺を半周した処まで行き、突如として身を屈めた。ここは俄かに流水の響があり、つと見ると湧水の源があったのだ。案内人は湧出口から滾々《こんこん》と湧出する清水をコップに汲んでくれた。呑んだ。甘美な清水の味は今も忘れることはできない。湧出口の上方巖石に乾隆帝の御筆

玉泉山の石塔
手前のものは乾隆時代

で「天下第一泉」と彫刻せられてあった。案内人が初めに汲んでくれなかった訳もわかったが、ことは結局言語が不通なためであった。

◇

玉泉山には、遠方からも見える塔が二基ある。高い方が玉峰塔で、低いのが白玉塔である。ともに乾隆年代で、白玉塔の下方の彫刻は相当面白い。なお山後の廊内に瑠璃塔と言っているのがあるが、三彩釉を施した陶製で小さな磚《せん》が張りつめてある。美麗なものであるが、図柄は一々小仏であるが、いずれも首を破損して奪われてしまってある。情けないような気がした。

白玉塔の下部の彫刻が面白いので撮しながら、案内人にいつ頃できたものかと尋ねてみた。乾隆という文字を知らないらしく、色々当て字を書きながら発音するのでようやく会得した。案内人なども教育の普及が充分でないらしかった。

◇

香山は玉泉山からなお一里くらいの奥である。ここは遊覧地でなく避暑地らしい。北京からここまで来ると山間であって、日本なら箱根の入口、湯本までの処とでもいいたい。松の大木があり、すでに多くの別荘が、相当立派なものが、山間に点在している。これは大官要人のものか、外人のものらしいが、今は空家だ。

夏はいかにも涼しそうな処だ。水流も小さいながらあり、滝もあるが、全面氷っていた。山間からの湧水が地下の樋を通じて処々に水を溜めてある。この地に住む人々の飲料水である。支那の嫁婦が子供を連れてバケツを以って水を汲みに来ている。三、四歳の子供に持っていたキャラメルを与えたら嬉しそうだった。子供の世界はどこの国でも可愛い罪のないものだ。

西田さんは曰く「万寿山、玉泉山を縫って香山までの電車を敷く計画がすでにできているのです」。

数年の後には香山も日本人の別荘で賑うことであろうと思う。

『星岡』昭和十三年一月号(八十六号)・二月号(八十七号)所載

玉泉山後方(東岳廟)

支那旅行 食味閑談

支那へ行ったら、うまい支那料理が喰べてみたい。北京へ行けばいわゆる北京料理なるものの本場のものを喰べてみたい。まあとにかく、支那旅行中は、一日一回は支那料理を喰ってみようじゃないか。それも少し贅沢かも知れないが、高価な上等のものを喰ってみようじゃないか。というのが旅行せぬ前の胸算用であったが、これが容易なことでないのである。

第一が知らぬ土地で何という料理店がよいのかが分らない。ホテルの帳場に聞いても大てい○○○×××などがよろしいようで、皆さんがお出でになりますので、と断案を与えてくれぬ。知人などに尋ねても、それがよほどの食通ででもない限り、またよほど贅沢な生活を平常からしているような者ででもない限り、明答は与えられない。よしその知人が大官や富豪であっても、食味に無関心な仁、否、関心を持っていっても、仔細に吟味だてをするくらい食味に精進しておらない場合は、ホテルの番頭の答と相似たものである。

第二にとにかく教えられた料亭に行って、さて何を食うか、日本でも同様であるが、献立表を見て注文の場合、献立に表した料理は作るとしても、そこに使われる材料の善悪、新、古、

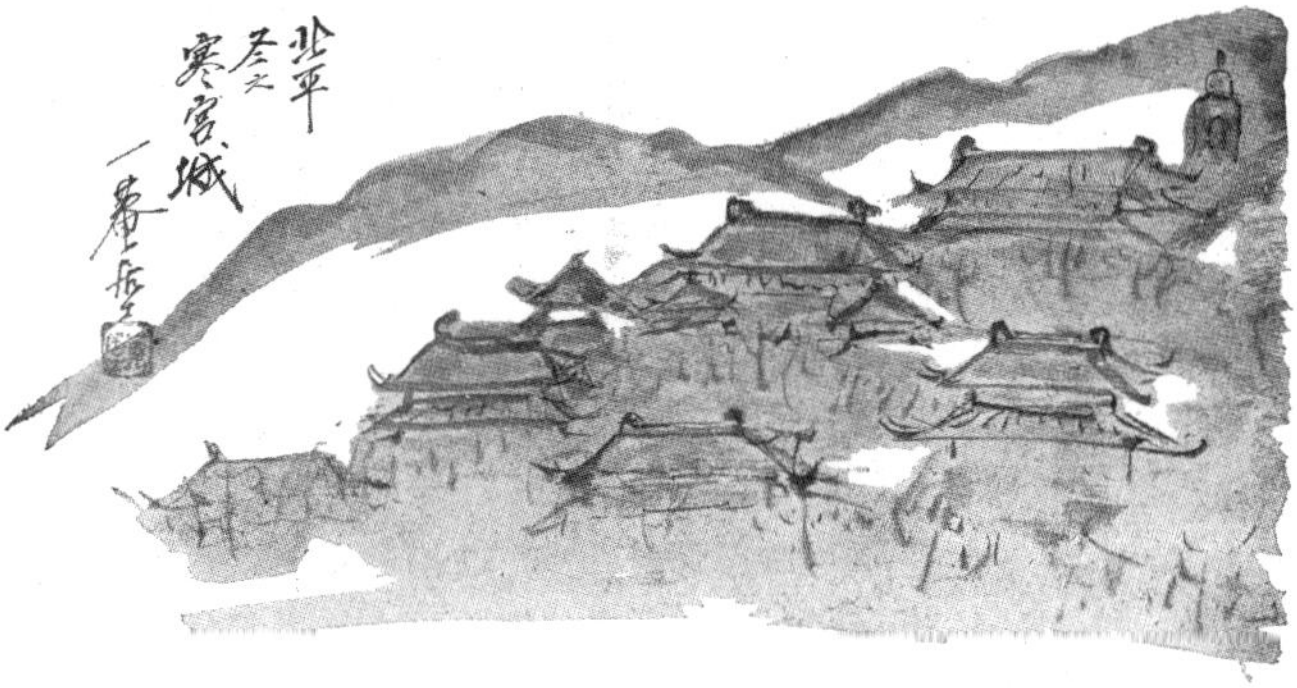

北京飯店《ホテル》より王城を見る　宮一庵氏筆

などがあって、一向うまくない場合がある。そして献立面ではつまらない魚などでも、その日手に入った品物の都合で案外うまい。否、うんと美味なものなどに出喰わすこともあるのだから、これらの場合には献立表に依らずに料亭に一任の方がもちろんよいのであるが、料亭の方からいえばお客さんから美味いものをと注文されても、そのお客さんが果たしてどんな種類の人か、初めての人では食味についてどのくらいの程度と経験を持つ人か、皆目見当がつかないのだから、果たしてどんなものを自慢して出してよいのかもわからないのであるから、両者一致というまでには、ある程度の過程、ちょうど恋愛関係のようなものが入用なのであろうかと思う。

支那料理では材料の新古の問題は少ないが質の良否は重大である。

◇

それはさておき今日の僕らの場合には第一言語が通ぜぬ。そこで知人に通訳を依頼するが、この通訳がまた食通でないと話は通じがたいのである。

なんと美味いものを食うことの至難さを痛感させられることよ。

◇

支那で一番うまい支那料理は、いわゆる家庭料理で、これは食通の大官、すなわち大官富豪であって食味に興味を持ちやかましい人の家庭にいる料理人が、一人前幾ら？など、金銭の計算をせずに思いのままに作る料理がよいのだと聞いているが、それはごもっともである。古くから有名な人で段祺瑞[1]の家庭のものがよいと聞いていた。これは天津に住んでいた、近くは先年、満洲事変後、満洲国にあって美術出版の斡旋をしていた闞鐸[2]氏の家庭料理の話を聞いて羨《うらやま》しく思い、一度招《よ》んでもらいたい。また私は幾分因縁もあって招んでもらえたのであったが、惜しいことに氏は若死してしまった。

◇

北京で橋川さんに会った時、この話をしたら「君が長く滞在しているようだったら、その家庭料理を紹介してやる」といわれたが、今度は時日がなかったが、次回にお願いすると約束しておいた。その橋川さんは闞鐸とも懇意であったが「僕が闞鐸の宅を訪ねるといつも若い娘さんがいて、それが訪問のたびごとに替わっているので、ある時、注意したことがあったが、ついに若死してしまった、残念なことをした」と話しておられた。「それは延命術じゃないんですか」と言うと「そのくらいのことは知っているんだが、何しろ道楽でネ」といわれた。

◇

話がそれたが、大連に着いた翌日、知人の永野さんのご案内で昼食に支那料亭に行った。時間が忙しかったせいもあるが、ここでは横浜あたりにあるのと大差がなかった。

奉天ではヤマトホテルで教えられた洞庭春という店へ行って、燕巣、魚翅《フカヒレ》、野菜と筆談で注文したら一皿四円宛でよいかと念を押してきた。別にとりたてて美味という訳ではないが、鶏や、肉だと胸にもたれてしかたがないが、こんなものだとあっさりしてよかった。野菜は白菜とアスパラカスを一所にスープと牛乳で煮込んだようなもので珍しかった。牛乳の味がかち過ぎているようなのが特色かも知れないが、そこが日本人にはいささか不向きのようだった。

◇

天津では前年星岡厨房にいった桑原君が天津第一の日本料亭「敷島」の調理主任をしている。その桑原君の案内で、独逸租界の吉士林というのに昼食に行った。これは銀座あたりに見るジャマンベーカリーの規模を大きくし、完備したもので、菓子と喫茶、ライトランチ、ここの洋食はとにかく、大連のヤマトホテルなどよりは遙かに美味かった。

桑原君の働いている「敷島」という家は、日本租界名もゆかしき曙町で、外郭は煉瓦であるが、内は日本座敷で今は日々大繁昌である。万事大阪風で、南地富田屋あたりを想出すような処、料理は軍の命令で五円均一である。三十数年前からある古い名代で女将も六十八歳とかいうが、品のよいしっかり者らしいよいお婆さんである。これが日々陣頭に立って活動している元気さ。酒間を斡旋の美形も意気に富んだ愉快な女性が多いようだ。ここでは今北京王府井街に間口八間の店を開いた京都の快男子松村君一行と一夕を歓談痛飲したのであった。料理は桑原君が星岡の風を汲んだ料理をして好評を博している。天津に行く方は、是非「敷島」へといささかご披露。

北京市街　北京飯店《ホテル》

◇

さていよいよ北京だ。北京では王宮や故宮の見物で少々疲れてしまった。それに大連以来、日々零下何度という厳寒で、寒さに弱い僕はついに微恙《びょう》を得たため食味をあさる勇気が劣《おとろ》えてしまった。それに事変後、間もないことだし、臨時政府が明日にもできようという際であるし、あちこちから紹介された日支の大官達もとても忙しい際で、落ちついて話をする暇さえないという有様であって、したがって気分は美食を味わうには世間が騒々しい際であった。それでも二度ばかり相当うまかった、また珍しかった食事をし得たことは、せめてもの幸いであった。そのひとつは西田さんに招ばれた時だった。

◇

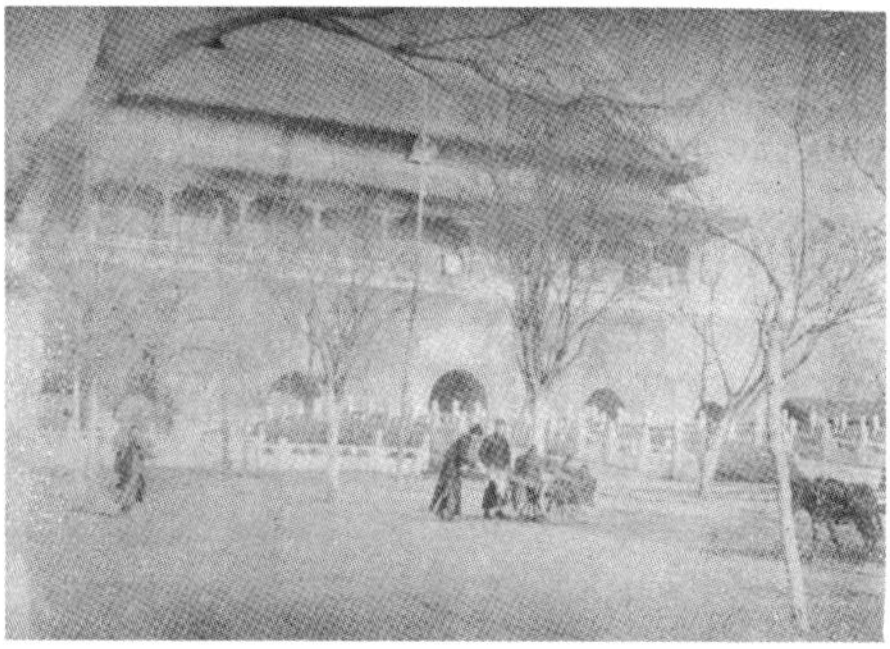

北京市街　平安門外

西田さんは、かつて冀東《きとう》政府(3)の顧問であった。そして現治安維持会の顧問であり、臨時政府の設立に日夜奔走していられる忙しい間であったが、東京に来られると星岡に客となってはしばしば見えているとのことで、寸隙を僕らのために割いて食通の行くという前門外の亭へ招かれた。

ここではさすがに東京や、横浜にあるような、豚や家鴨は出なかった。味は総じて淡白で我々の口に無造作に運ばれた、この中で特に我意を得たものは、老干絲、というやつ、これは豆腐を干したようなものだった。

豆腐は特に好物であるからかも知れない。しかしこの枯淡な味、それにこれらを味づけるスープも決して有りふれたものではなかった。西洋料理の本当に美味いものを喰った経験がないから確言はできないが、聞く処によれば仏蘭西料理にしても、最上級のものは味が淡白で日本人の美食家の口に適するとのことだが、今この支那料理にしたところが、これが絶対最上とは肯定せぬが、最上級の流れを汲むものとして認めない訳にはいかなかった。

老酒も色沢、香味、酸味も申し分がない、食事とともに語る。西田さんは京都出身の方で、我々と同郷だということがわかり、一層親しみを感じた。当日の献立を試に左に記してみよう。

一薑絲　一香菜　一醤咯達　一香菜　一羊羹　一油鶏

一煮老干絲　一清炸胗　一清炒蝦仁　一奶油扒白菜　一焼鴨蘿湯　一火腿白菜湯

以上

食後にあまり満腹したので、食後に何か腹の空くものはないかといったら、老給仕人はなんだか木の実のようなものを薬包にして二種程持ってきた。ひとつは小粒でいささか刺戟のある香味豊かなもの、ひとつは噛んでも噛み切れぬ木片だが、それでもある種の香りと味を持ち、噛んでいるうちに腹が空しくなってきそうなものだ。あまり不思議なものなので、その名を問えば「扣米」(4)「檳榔《ビンロウ》」と老給仕は達筆で認めてくれた。
「さすがに支那なるかな」と歎ぜざるを得なかった。
今もこの二種の薬は僕の手元に少々はある。

『星岡』昭和十三年二月号(八十七号)所載

1 段祺瑞：(だん きずい、一八六五～一九三六) 中国清末民初の軍人・政治家。北洋軍閥安徽《あんき》派の首領。馮国璋・王士珍とともに「北洋の三傑」と称された。袁世凱《えんせいがい》の腹心として、中華民国成立後は陸軍総長に就任。袁の死後、北京政府の実権を握り、南方革命派を弾圧した。

2 闞鐸：(一八七五～一九三四)安徽省合肥市出身。中華民国および満州国の官僚、古代建築家。北京政府で役人を務めたが、満州事変後、満洲国に赴き、奉天鉄道局長などを務めた。その後、日満文化協会で学者の動員業務を行い、満州国立博物館の建設、古書の複製、国宝建造物の保存に従事した。

3 冀東政府：正式には冀東防共自治政府。日本の支那駐屯軍が進めた華北分離工作により、一九三五年から三八年まで中国河北省に存在した政権。

4 扣米(コゥミー)：豆蔻《ズク》と呼ばれる香辛料の別名。カルダモンの一種と思われる。

武田五一先生を憶う

戦争中に流れ弾に当たったように、軽微な病症と聞いていたのに意外にも突然に逝去せられた、工学博士武田五一(1)先生は、甚《はなは》だ失礼な言い方であるが、私の大好きな先生であった。

一月の二十九日であったか、例のごとく法隆寺の修理事務所で、国宝建築の修理の指導に専念せられている中に、胸のあたりの痛みを訴えられたので、直ちに附近の医者にみていただいたら、神経痛か何かだから、暖かくして休まれたらいいということであった。

所員が心配して京都のお宅にお送りした。もちろん、その後追々よろしいと聞いていたのだが、それが数日の後、二月五日夕刻卒然として逝って了《しま》われたのは、なんとしても信じられない驚きであり、また残念極まりないことである。

◇

武田先生を、私が初めて知ったのは、金沢の遊部氏のロイロタイル(コンクリートに漆を塗装したタイル)のことからであった。初めてお目にかかった時から、偉大な体軀とその温容に接すると、何か包容せられているような感じがしたものだ。そして親切に何かと指導鞭撻され

法隆寺壁画原寸撮影複製印刷を監督せらるる所

ることを喜んだ。

その後、法隆寺の壁画を便利堂が原寸撮影をすることになり、修理事務所長である先生とは公私ともにご交渉が多くなってきた。おつき合いすればする程力強い、しかし感じの良いものをしばしば受けとったものだ。で先生が建築界における偉大な存在であることはあまりに明瞭なことであり、私が今さら申し述べるべきことではないが、ただ一言申したいことは、先生のように、西洋建築に立脚しながら、日本の古建築に深き造詣を有せられ、理解された方は学界においてもまことに珍しい方であろうと思うことであった。そして今その唯一の先生を失ったことは学界のためにも悲しみてもあまりあることだ。

武田先生の水彩画

また先生は趣味の人であり、その多忙の間にも彩管を執られたのだ。法隆寺の庭から夢殿を写生せられた油絵など今なお脳裡を離れない。また便利堂で皇軍慰問の絵はがきを戦地に送ったが、その折先生にもスケッチをお願いした。上掲のものがそれである。

さらに先生の交友が各方面に亘り、非常な数に及んでいたことは、先日の葬儀に参じたものが斉《ひと》しく一驚した処である。

富士の秀麗はどこの方面から見ても偉大な美しさであるように、先生の残された仕事、各方面に指導を与えられたものを、後世までもハッキリとながめることができるであろう。かえすがえすも先生の逝去が残念に思えてならぬ。

◇

ご卒去に際しては、京都の医学界の長老が短時日ではあったが、あらゆる力を尽されたのだが、万人に一人という病気であったのだから、ここにやむを得ない天命があったのであろう。

しかし、生前先生の温容に接していた吾々としては、その逝去があまりにも突然であるので、今さらのように人生の無常を滲々《さんさん》と感ぜられるのである。

ここに慎みて哀悼の意を表する次第である。（二月十二日記）

『星岡』昭和十三年三月号（八十八号）所載

中央長身の方が武田氏。その右が佐藤濱次郎

1 武田五一（たけだ ごいち、一八七二～一九三八）は、「関西建築界の父」とも言われる日本の建築家で、近代日本を代表する建築家の一人。大正五年に法隆寺壁画保存法調査委員嘱託、昭和九年より法隆寺国宝保存工事事務所長を務め、法隆寺昭和の大修理および同金堂壁画の保存とコロタイプ複製プロジェクトに携わる。

味のないような味

河合さんを訪ねて

京都の洛外新京阪沿線東向日町駅から西北へ二丁くらい行くと小丘があって、そのあたり一体に藪になっている。

京都の郊外は一体に藪が多い。東は山科、西は御室、嵯峨、北は鞍馬、貴船、南山城一円、藪が京の洛外を装っているようなものだ。幼少から藪に目慣れているせいか関東には藪が少ないのが淋しい。私は田園には藪がなければ形体をなさぬように思っている。

陶工河合卯之助君の工房であり、家庭である君の住居は、この向日町の藪を北に負うた、閑雅な一画にある。案内してくれた人が偶然にも藪田君であったことは洒落ではないが、不思議なことであった。

◇

春とはいえ、二月の末だ。春寒料峭《しゅんかんりょうしょう》などいう時だが、その日は珍しく暖かかったので、悠々漫歩ができた。僕らは今、約によって、河合君を訪ねつつあるのだ。折しも、日は西山に傾き、暮れていくままの景色を恣《ほしい》ままに観賞しつつあったのだ。元来が寝坊で都会生活を営むものは、朝暾《ちょうとん》の感激などはなかなか得られない。かろうじて入日の壮厳に偶々《たまたま》遭遇することにでも喜びを感ずるのだ。暮靄にかすむ西山へ灼熱の威厳、日輪がぐるぐるとまのあたりを廻りながら沈んでゆく、壮観、彼の国宝の山水屏風を想い起こした。およそ最高の芸術品として太陽を挙ぐることに何人か反対するものがあろうかなどと思うた。

知恩院の井川定慶師は河合君の親友だ。今、両君は僕らの訪れを門前まで迎えられていた。

◇

どこかの古い事務所を移してきて、応接間兼アトリエになっている部屋へ招じられた。すべて独自の改装らしい。竹天井は田舎家から応用したもの、窓にはカーテンの代りに簀簾が下っている。この簀簾越しに、窓外の枯木、寒林がさながら南画を見るように美しい。河合夫人は「年中すだれなんですよ」と謙遜せらるるが、イヤ調和のよろしいこと、生中《なまなか》、カーテンを用いては似合わない。壁には近作、旧作の陶額、絵皿、それに東福寺から将来の大蓮片が漆箔の古仏の味を充分に表現して光っている。やがて、河合夫人の手料理がスキーの名手という愛嬢の手によって運ばれた。夫人の当意即妙の調理の手腕は、かねてから井川君の称うる処、喰う程に呑む程に話ははずむ。井川君の快弁は大説教のように、我らは黙々として食い且つ呑んだ。

◇

河合君はフト孔雀を喰った話をされる。「ナニ孔雀が蛇でも喰ったのですか」と揶揄したら「正真正銘自分が喰ったのだ」といわれる。食通も色々あるが孔雀の話は初めてだ。僕はあの美麗な羽を想い出して「そんなものは美味くはあるまい」といった処、なかなかどうしてそれは美味いんだと言う。仔細は河合君の邸内に今も一番《つが》いの孔雀がいるが、数年前から飼育していて、今いるのはここで産卵したものを鶏に抱かせて孵化させたもので、喰うたものは、その親が野犬に咬まれて死んだものを腹中供養したのだということだ。

僕も負けぬ気になって、生きていた鶴を百余円もだして料理して喰ったと自慢したら、孔雀は鶴よりは安価だから「どうですひとつやってみませんか」と憎らしいことを言うのだ。ただし孔雀美味問題はいずれ僕が喰ってから判断する。

◇

ここで最後に明鯛《ミンダイ》の子を紫蘇巻にしたものを酒肴として出された。明鯛の子は朝鮮みやげで大して珍しいものではないが、梅干の紫蘇葉でかるく巻いてあるのでぐっと味が上品になる。これから朝鮮食味に談が進んでいって僕は「桔梗根」の話をした。「桔梗根」は朝鮮の山野に咲く、うつくしい桔梗の根を干したもの、これは薬用されると聞くが、どうかすると朝鮮人参の偽物になるもので、これは日本人にあまり知られぬ珍味である。朝鮮総督府の加藤灌覚さんから教えられてこの頃北支旅行の途次買って来たが、喰うまでに水に浸すやら、湯がくやら

四、五日を要するというものである。千切り大根のようにして酢味噌にしてもよし、味噌汁の実にいれて茶人を驚かすこともできるもの、僕はその有する「味のないような味」として美味のあることを説明したら、河合君はしばらく考えて「味のないような味」としばしば繰り返して独り合点していらるるようであった。

◇

「味のないような味」そうだ、考えてみるとおよそ真の美食に属するものは皆「味のないような味」を有するものばかりだ。「味のないような味」ということは「味ない」ことではない、ようなの三字が加わる処に説明することのできない、あるものがあるのであろう。

支那料理でやかましく言う、燕巣にしても、白木茸にしても、それ自体どんな味があるか、これらを水煮するとただ不思議な力のある淡白な美味しい、出汁が出る。この淡味な美味を味得するものは結局東洋人の特質ではあるまいか。かつて外国婦人に焼海苔を喰わしたことがあるが、一人は顔をしかめて、口中に散着するのに困惑した表情をした。一人はこれは日本人の大好物だと説明しても「ノーテースト」の一言であった。味という奴もなかなかあじなものだ。

◇

話のついでに味のないようなというものを少し考えてみる。平凡だが、水、これは味のない味の親玉であろう。そのくせよい水、悪い水、うまい水など鋭敏にわかるから不思議だ。

米飯、どんなご馳走のあとでも飯一椀はなくてはならぬ。僕は料理の後の一杯の飯のうまさは酔ざめの水にも比すべく美味いと礼讃している。米の飯と塩さえあれば、どんな美食家でも、空腹にも文句はない。話は横道へ入るが、僕らは日本人が戦争に強いのも、この米飯のおかげだと思っている。米飯の栄養と戦争なんて学理的に説明できないものかな。

豆腐、これがまた憎らしい程飽きることのない代《しろ》ものだ。一日一度は豆腐を喰わねば納まらぬ。次にうどん、そば、西洋のマカロニなどもよい。まだまだあるだろう。

◇

風景なども、一見なんの奇もない蔬菜畑や、草家の縁から見る麦畑、汽車の窓からどこにでも見らるるような景色の中にこそ、味のないような味を持つ風景があるのではなかろうか。嵐山だ、日光だ、と画のように整った山水や絢爛たる造営物は結局味すぎる味で、毎日見るには堪えられない。畠の散歩なら日課になるが、日光遊覧は案内業者ででもなければやりきれまい。

海岸の風景にした処が、白沫岩を噛む、奇岩怪石などいう、伊豆石廊岬のような処よりは、今さき通ってきた沼津海岸静浦あたりの方に味のないような味があり、それだけ心安くもあろうが、その静浦でもまだ面白すぎるようだ。偶々通る僕らが吸い寄せらるるように眺める景色

向日窯の夕陽　竹白筆

はやはり味すぎると思うが、それならもし航海中大洋の真中に出て、四辺境なき海に接することは果して「味のないような味」といい得らるるであろうか、それはいかに静穏であっても絶海の孤島にも比すべきもので、ある種の寂漠の凄さがあり、強烈な味を持ってはいると思う。これは初めに書いた入日の壮厳のように、最高の芸術品として推したい。誰か大洋中央の真景をうまく表現する画家はないものだろうか。

◇

河合さんを辞して井川氏とともに電車で一旦曽根へ帰り、さらにまた同夜行で東上した僕は、この頃は毎度のことながら寝台車も満員の混雑でなんとなく寝ぐるしかった。眠れぬままに夕刻からしていた、話の糸口をそれからそれへ手繰って「味のないような味」を探求していたのであった。

藪にしても豊饒な孟宗藪よりは、平々凡々たる真竹の藪をこそ、より「味のないような味」とするのであるまいか。

◇

僕もまた平々凡々、味のないような生活をこそ望むべきではあるまいか。ここまで書いてなんだか話がうまくまとまらぬようだから、いずれ想をねって改めて書くとしよう。（三月一日伊豆にて記す）

『星岡』昭和十二年四月号（八十九号）所載

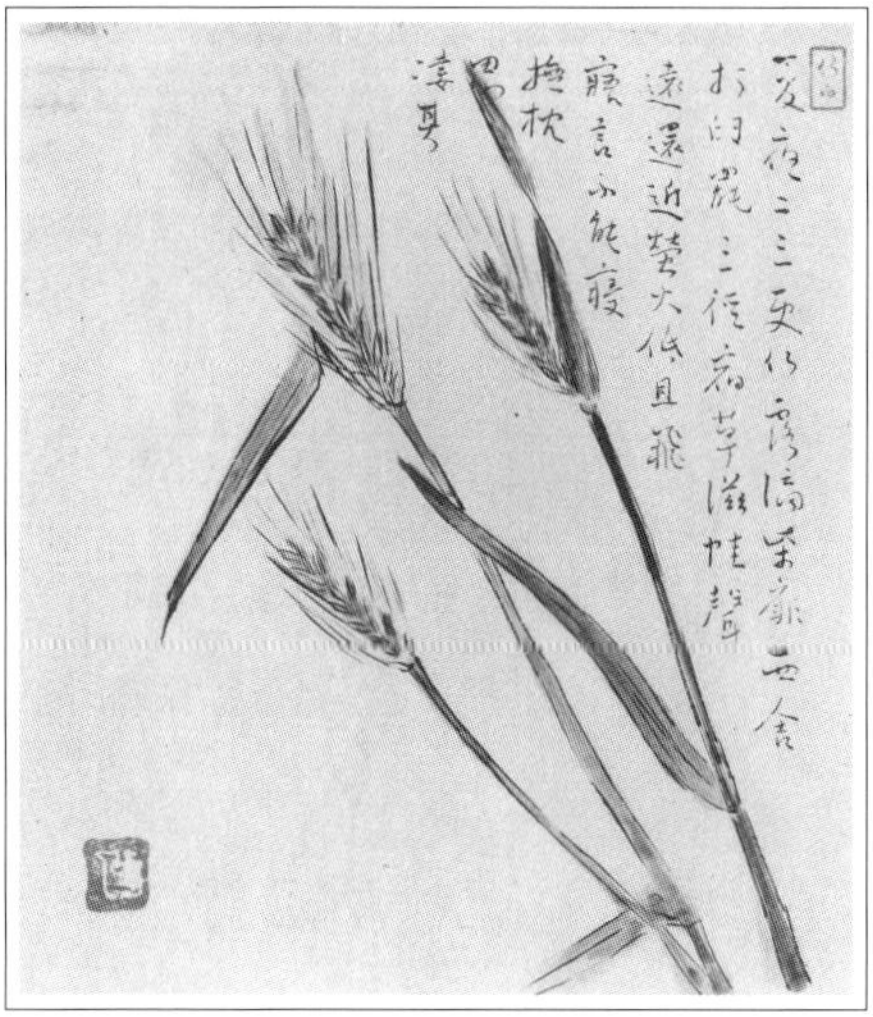

麦　竹白筆（昭和十二～十五年頃）

根津青山翁発願建立の朝霞大仏

「草より出でて草に入る」という武蔵野の平原は、大東京の成長が奏する騒音とともに、日一日と失われつつあるが、今この一画、池袋駅から川越方面に走る東上線の鉄路に沿うては今もなお多くの風趣が残されている。

別けてもこの沿線、朝霞の駅のほとり、ゴルフリンクスの以西にあたり、千古の松林数万坪にあまる地あり。起伏せる地形は野草の充満に任かせ、しかも一茎一華皆瓶子の珍となすに足るという仙境の地、時はあたかも初夏、武蔵野の風趣を満喫する五月の某日、根津青山翁は我ら一行四人を伴ってここに案内せられた。

◇

青山翁と言ってもまのあたり諧謔の裡に有意の談話をせらるる時には翁などという感じはしない。青年根津氏であるがここに翁と書すことは敬称の意と読者は諒せられたい。

さてなんのためにここに伴われたか記すまでもなくここに

大仏建立場全景

掲ぐる写真がまず説明するであろう。翁はかねてこの朝霞の地域に大仏を建立[1]せられ、伽藍を建築して浄域を設けられんとする計画を聞いていた我々は、是非その工程を拝見したいとお願いしておいたのだ。前々月からのお約束が雨に延びていたが、いよいよそれが今日になったのだ。

その朝、天気予報は小雨とあって気遣っていたが、午前九時頃青山のお宅から電話があって「主人は今熱海から帰京せられます、しばらくお待ち下さい」とあって、さらに十時五十分頃「もう二十分ばかりいたしますと迎えに行くから」との念入りのお報せを待つ程もなく、山王へお迎えを受けた。

今日はお昼の仕度はこちらでするからと、さらに懇ろなご挨拶に恐れ入って、ご同車したのであった。

◇

車はやがて池袋駅前に出でて環状線を左折して、坦々たる舗装道路をヒタ走りに走る。約十五分を経たかと思う頃、遙かに亭々たる松林を望み、前景一帯麦畠の向こうに、こは何

日本一の大石燈籠
左：全景前に立てる青山翁　　右：裏面

ごとぞ、この風流境に時節柄軍需工場かと見間違う巨大な工場風の建築が聳えているではないか、あまりに不思議なままにツイ「あの工場のようなものは何ですか」と尋ねてしまった。

翁は「あそこだよ、あれで大仏を作っているのだ」と平然としていられる。

街道から車を左折すると境内への道となる。その右側に清浦子爵の筆になる大石碑があって、これは麦酒会社から翁に贈られた紀恩碑であるが、この台石が一箇の巨象のごとき巌石で驚くばかりであるが、これ翁の本来の面目の一端であって、翁が天性の豪壮偉大の表現はすべて世界一、あるいは日本一であらねばならぬ。ここで車を下りてまず第一に目を駭《おどろ》かすものは、石燈籠の雄大である。正に日本一であって笠の直径一丈五尺あまり、ほかに比類なしというもの、写真の人物との比較に想像もされようが、これが運搬は海運によるほかなく、瀬戸内海から東京湾に直送せられたものだが、船から上げてここまでの運搬も幾百人力だか幾馬力だかちょっと見当がつかない。

柱の裏側に昭和十二年六月建立と彫刻されてあるが、凛とした書風は何人の筆かと尋ねたら翁の自筆であった。

◇

それから工場の表門のある方へぐるりと廻った。門札が振っているではないか。大仏建立場と記されてある。今から七百年の昔、鎌倉時代ならいざ知らず、今の世に大仏を建立することのその着想の偉大さ、これは必ずしも翁に賛辞を呈するものではない。ただ、事実を事実として感ずるのだ。

門内に入ると左が鋳造工場であって、右側が木型などの製作所のようだ。正面にはすでに蓮座となるべき巨大な蓮弁が十数片、仮に組立てられてある。このあたりの空地という空地は、青銅の諸神像や、梵鐘や、試作像など累々として、奈良、飛鳥の昔仏教渡来で幾多金銅仏の製作された頃もさこそと想い起こされて、しばし歴史を遡《さかのぼ》る心地で呆然たらざるを得なかった。

◇

右側の鋳造所を覗いてみると、まるで鉄工場かと思われる、広い五、六十間もあろうという

鋳銅蓮座の仮組立（前なるは翁）

長大な建物だ。上方にはクレーンが仕掛けてある、蓮弁一箇でも十人や二十人では持てまい。今は機械力でこのあたりの作業は昔より楽かも知れない。鋳出した後を研磨するにも電気のグラインダーがあって、ここにも機械文化の恩沢はあるが、それでいて昔よりよい仏は造れないかも知れないが、それにしてもあるがまのこの製作も昭和の遺跡として永世に遺るであろう。

◇

青山翁は「この大仏は鎌倉長谷の大仏より台座だけ大きい、しかし奈良の大仏より少し低い、つまり奈良の大仏と鎌倉との中間だ」と語られた。大仏を作るなんて人に話すと「ソレはコンクリートか」など聞かれるが、コンクリならどんな大きいものでも訳はないが、正真正銘の青銅で、写真にあるように全体を幾十画かに割ってひとつずつ鋳出し、さらに綴ぎ合わせて作る。昔からの製法そのままをやっていると。

大仏像蓮座の組立場の制札に

大仏像（高サ）三十九尺
蓮　台（高サ）九尺六寸
　　（直径）四十九尺五寸

次に梵鐘の前に立つ。これはすでに完成しているが、鐘銘の彫刻が残されてある。翁は「鐘は鳴らすものであるから鳴らなければなんにもならん、これはよく鳴るぞ」と語られる。大阪天王寺に大きな鐘があるが割れていて鳴らぬ。鳴る鐘ではこれが日本一であると。

ここにも制札がある。

大梵鐘（直径）九尺三寸　（厚サ）一尺
　　（高サ）一丈三尺七寸　（重量）壱万弐千貫

昭和九年三月起工　昭和十年一月竣工とある。

◇

次にいよいよ大仏殿だ。鉄骨の高層な仮屋ではあるが、さしずめ大仏殿という処、中に入って驚いた矣。大仏の原型が原寸大に完成しているではないか。

鋳造工場内前方にあるが取付中の螺髪

鋳上った大梵鐘

写真でもわかる通り全身白亜の仏像、これは釈迦像である。写真は引きがなくて無理をしても到底全部は映らない。ようやく仰観してやや七分通りよりレンズに入らない。いずれは露天に衆生の賛仰の的となるであろうから、全姿の壮観は完成を待って撮すよりほかはない。

◇

かかるうちに時を経て、正午も過ぎたらしい。空は予報を裏切って細雨もない。日は白天幕上にあるがごとく、光線は濃緑の樹々の梢を軟かく漉して我らの頭上に下る。根津翁はこの大仏殿の裏口の方から果しもない松林中へ我らを誘われる。丘陵の間に低地があり、これを越して高原の趣ある一帯の平地に招じられる。

「この中央に金堂を建造する予定である」とステッキの尖端で空中に輪を画かれる。ふと傍らに方一丈にあまる小池があって、中央の水道に似た柱から滾々《こんこん》として清水の迸《ほとばし》るを見る。「これは堀抜で好い水が幾らでも出る」と独語される。近よりて口をそそぎいささか渇を覚えたのを医《いや》したが、ほんとにうまい水であった。

◇

大仏原型

堀ぬき池

東大寺大仏殿前の燈籠のうつし

乾隆時代諸神像

しばらく姿を見せなかった、お供の運転手さんは、いつの間にか、丘陵の斜面に緋毛氈を敷き、蒔絵も美しいお重に見事なご馳走が用意され、傍らには木の枝を三叉に組んで湯は沸《たぎ》っていた。疲れたという程ではないが、吾人の常識を超越した、翁の偉大な計画には度膽を抜かれた形で腰を下す。先頭にあって案内せられた翁は少しの疲労も見えず、直ちに包を解いて、熱海からご持参の鯵の干物を手づから焚火にかざしつつ「これは焼き過ぎるといかん」とて銘々に手渡される塩梅は、これ茶の真骨髄であるまいか。次にお重を開いて各自へ木皿で取り配けらるる処、天空開濶の松林中、毛氈上即茶席とでも言いたい処か。

「君達は平常うまいものを喰い過ぎておるから、今日のようなのも好いだろう」と謙遜のうちに行き届いたご挨拶に痛み入る。中でも伊賀から届いた黒い蒟蒻《こんにゃく》は本当に美味かった。特に我らのために麦酒まで取り寄せて、饗されたことは正に感銘する処である。

野宴を閉じてさらに境内をあちこち歩いてみるとあるわあるわ、十三重塔やら大朝鮮仏やら、それから山中商会から写真だけで買ったという大理石の石像やら、まだ荷造りも解かずに幾つも草叢中に放置してあるし、一偶には小学校風の建築物があって楼上にはあらゆる仏像が仮に安置されてあるということだ。この草叢中の石材の始末だけでも胆の小さいものは慄《ふる》えてしまうであろう。

神羅石仏

◇

翁は「世の中に、一番後世に遺るものは寺だ、儂も遺すもののひとつに寺を造っておきたいと思って始めた訳だ」と語られたが、我ら小人輩は企画の膨大なるを見て、果たしていずれの日完成するであろうなど

叢地に散在する十三塔

と、余計な心配がしたくなる。翁は本誌巻頭に掲げた小話(2)にあるように「屈托なく、好きなことを、あるがままに楽しみつつ、しかも磐石のごとき意志の力によって制御しつつ、その日その日を送っておられる」ようだから、翁の長寿とともに必ず完成するであろう。すべてを豊かな独宰力で処置せらるる処、まったく吾人の端倪《たんげい》のほかで、ただただ翁の偉大な存在に、甚深なる敬意を表して筆を擱《お》く。

『星岡』昭和十三年六月号(九十一号)所載

1 大仏を建立：昭和八年、根津氏が五万坪の土地を購入し「根津公園計画」を立案。私財を投じて仏教学舎、大寺院、自然公園などの建設を構想する（通称朝霞遊園地または根津遊園地）。建設地は埼玉県北足立郡朝霞町蛇久保、広沢原（現在の武蔵大学グラウンドあたり）。本文の通り、昭和十年に大梵鐘、昭和十二年に大石燈籠ならびに大仏の原型はできていたものの、日中戦争勃発による影響で銅の使用許可が出ず、また昭和十五年一月には氏が急逝されたことで計画はとん挫する。その後の戦局が厳しくなると、陸軍予科士官学校を移転拡充するための用地として土地の強制買い上げが行われ、昭和十八年六月の新聞によると、中国製の青銅像十六体や塔、燈籠各一基約四千貫は海軍へ、完成していた大梵鐘は陸軍へ供出献納されたとのこと。大石燈籠は、その後多磨霊園に移設され、現存する朝霞大仏伽藍の遺物として貴重である。また同様に、東大寺大仏殿金銅八角燈籠のうつしも、現在根津美術館の庭園に設置されている。

2「はじめに　青山の翁は無口なり。その無口なる翁が珍しく、酒を断ち、煙草をやめたる話をば語りければ録し置きたり。処は翁が発願にて大仏建立の地朝霞の松林中、柴を折りて湯を沸かし、毛氈を敷きて、用意せし重を開き、くさぐさの御馳走を取り出でていざ……という時、茶店にビールありとて、取り寄せ客にすすめたる折りの話。聞くは福井利吉氏、中村竹四郎氏、かくいう藤庵子。

　さあ皆ビールが来た。お酌をしよう。否儂はやらん、儂のビールはこれだ（とて魔法瓶の茶をつぐ）。元は儂もずいぶん酒を呑んだ。こう酒を呑んではいかんというので、ビールにした。ところがビールも半打位飲んでしまう。これではいかんというので、今度は葡萄酒にしたが、それもうっかり飲んでいるとじき二、三本は空にする。それからこれではならんと決心して、一本の葡萄酒を三日位に飲むことにしていたが、三年ばかり前からはすっかり断った。（略）何そんなにむずかしいことではない。決心さえすればいいことだ。自分に克たなければいけない。克己というは自分に克つということだろう。そんなことは決心さえすればできることだよ。（後略）」（「己に克つ禁酒禁煙の弁」根津青山、『星岡』九十一号）

右　根津青山翁　左　福井利吉郎教授

炉辺漫談

鮎の源を和知の奥に探る

星岡に供給される鮎の産地、和知川と言っても総称であって、この上流幾多血管のように細流をなして、上流に溯《さかのぼ》る鮎を漁獲集積して東京に輸送するのである。

塵外境と言おうか人里遠い山間まで溯る鮎ほど良質であって、要するにここまで登る鮎は強者である。したがって純粋の珪藻を沢山喰って大きく発育し、自然の脂肪がのり、初めて天下に誇るものになるのである。

意想外な水禍を生んだ大雨のために、今年の鮎はいったいに発育がおくれている。我ら一行は予《かね》てからこの上流を極めて、漁獲者とも談合してよりよき鮎を星岡の食卓に出すために謀りたいと考えていたが、これも雨のために二回程延期するよりほかなかった。

土用に入ると三日間程は、長雨の後とて、空には一片の雲もなき好夏日がつづいた。この中の一日約によって大阪茶寮から京都二条駅に出かけて、朝九時というにもう山陰線殿田駅に着いていた。これからバスに約一時間半ゆられて、途中峠をひとつ越して目ざす平屋へ着いた。このあたりは由良川の支流のひとつ大野川の上流で川幅も狭くまた浅い。しかし水の清冽なことは言うまでもない。和知の鮎というも本当は、この大野の山間のものが最優秀であるのだ。

ここに我らのためにささやかな天幕を用意し、また遊船をも設けられたのは、今日の案内者魚梅主人であった。魚梅は三年前茶寮で和知の鮎を天下随一として推賞したいと考えてから一手に輸送を引き受けてくれた快男子である。輸送上のことはかつて本誌にも記した通り生かしたままの輸送の困難を、努力と経験によって今日はよほど上手になったのだ。とにかくこの渓谷で漁ったものが、夜通しトラックで京都駅に運ばれ朝の汽車で東京に運ばれるもの、一部は夜行の郵便急行車で送られるのだ。

さてこの日は友釣りもあるが、これは幾分深い所で行わるるので珍しくもないが、このあたりの浅い処では「ウリカワ」という昔からの漁法をやって、これを見せてくれた。川幅もここでは狭く、七、八間から十間位、深い処でも人の背丈まで

平家に小憩のところ

大野川渓谷　平屋の辺

普通友釣姿

片うけ網を張りつつあるところ

ないという処、この川下からまず「受網」という細長い網を川幅一杯に張って鮎の下に逃げるのを防ぐ。次に約十間くらい川上に「たどり網」と言って同じような横網を張り、さらに川上七、八間の処に「片受け網」を張る。そして「受網」と「たどり網」との中間に投網を打つのである。すると網に驚いて鮎は水底を右往左往する瞬間に、屈強な漁師五、六人は水目鏡をかけて水に潜り水底の岩陰などに潜んでいる鮎を、手づかみにつかんで来るのである。両手にて握りながら生どりにするのは、誠に勇ましい。これは鮎漁の肉弾戦だ。

五人の漁師たちは皆腕自慢なものだけに、見るうちに数疋をつかみ上げる片端から、魚籃《かご》に入れるが、皆ピチピチしている。鮎のほかに「カマツカ」「ウグイ」「ヤナギバイ」「ハイ」「ヤサク」「モロコシ」などがある。

一通り漁りつくすと「受網」と「タドリ網」をはずして、初めの「片受網」が今度は「受網」となって、前述の通り繰り返していき、追々上流に登るのである。

この方法でやると川中の魚をすべて漁獲してしまう訳である。「ウリカワ」という漁法の語源は知らぬが、ほとんど河の全部を売ってしまう意味ではないかと思う。

二枚の網の下を下して鮎を探して居る

水底に鮎を見つつ

もう鮎の味については語るまい。魚梅主人や土地の漁師の親方とも談じて、一層選別を厳にし、茶寮へのものはさらに一疋撰として送らせることにした。

帰途由良峡というのを一里ほど下り、同じ道を帰路に就いた。

(七月二十四日記)

『星岡』昭和十三年八月号（九十三号）所載

野尻湖の鰻と法隆寺の桃

夏のうちに拾った話

可笑しな組み合わせの題材である。私は種々の用務のためによく旅行をする、中には旅行せんがための旅行もある。私は何かしら天然の山水の美に接することが好ましいので、なろうことなら、日本の国々は愚か世界の端まででも行ってみたいような心の持ち主だが、実際の境遇はとても許されない。つい手近な北海道の土地さえまだ踏んだことがない。

そこで何かの用事があるとこれを幸いにして旅行をする。いたる処で何かしら土地の珍しいものを探して食ってみることは素《もと》より楽しみである。そして、もし美味いものにブツかると、これをすぐ茶寮に取り寄せて、料理の材料としたいと思うのである。かくすることが、また私の旅行に対する当然の勤めであらねばならぬと思っている。

◇

六月の某日信州赤倉の茂原さんに誘われて君が経営する新赤倉の土地一帯を視察したことがあった。その時は赤倉の妙高温泉で朝餐をしたため、午食は赤倉の観光ホテルでとった。この二度の食事は和洋食ともにこのあたり一帯に密生する篠竹の筍が食車に上っていた。これはかかる高原唯一の野菜として美味く、自由に大量をいつでも手に入れらるる点で、誠に重宝な蔬菜である。その上罐詰もできている。私は罐詰は食味の上から否定しているのであるが、その中で筍類だけはまずまず無難なものだと思っているから、これは及第点である。しかしこれを態々《わざわざ》取り寄せようとは思っていない。

◇

越えて八月某日、前回の赤倉行が機縁を作ってくれて、野尻湖畔に二、三泊することになった。野尻湖のことを初めて聞いたのは二十年も昔のことであって、ほとんど無人境に等しい湖水、山上海抜三千尺もあって涼しいことは論はない。湖水の大きさが手頃で、ボートでもヨットでもなんらの危険がなくて面白く遊べる。湖水は湧水のためか水温が比較的高く、遊泳に適している。それで外人の宣教師連がいち早くキャンプをしたことなど聞いていたが、行く折がなかったのだ。ところが前にも申すように赤倉が因縁で、ここに二、三日でも暮らしてみると、とてもよい処、別して子供達には天国のような処だ。今年でも外人だけで、千五百人以上も避暑に来て、外人村も三、四百戸はある

野尻湖の夕照——前面の山は妙高山

野尻湖外人村のボート

ようだ。別荘だなどというと贅沢なようだが、ここだとそんな感じはしない。皆せいぜい五、六百円か壱千円くらいで建つ、本当のバラックであって、夏のうち四、五十日を過ぎると後は釘づけにして帰ってしまうのだ。そして皆小さな勝手で自炊している。外人などは遊ぶよりもむしろ仕事を持ってきて著述などを熱心にやっている。

地価も安く湖畔のよい処でも坪四、五円位だというし、千円位の別荘を建てて十年も使えば必ずしも高価なものではなさそうだ。外人が初めて見付けた頃およそ二十年も以前なら坪十銭以内だったということだ。少し余談になるが。帰京してからK先生に話したら、自分はたしか坪八銭くらいで二、三千坪買って持っていると話された、少々羨ましい。

◇

外人村のほかに日本人の別荘としては数える程しかないようだ。画家、田辺至、津田青楓、鹿子木の各大家などがあるようだ。旅館も二、三軒で私は湖畔の尖端の古間館というのに泊まったのだ。向かい側に長野県営のホテルがあり、これは設備も充分であるが、自分の泊まった宿は大分文化におくれている。浴場と手洗所にはいささか閉口したが、すぐ窓下まで湖水がひたひた小さな波を寄せている。大てい宿屋の窓下まで来ているような水は、それが海であろうが湖水であろうが、汚濁しているのが普通のようだが、ここは澄みきった綺麗な水である。

野尻湖：前面の山は黒姫山

小さな桟橋があって、モーターボートが横付けになる。そのあたりの水を風呂に取り入れるのである。要するに湖畔に人家が稀少であって、まだ水が汚濁さるるに至らないのだ。嬉しいことだった。

◇

喰いしん坊のようだがしばらく聞いて下さい。この宿の初めての晩食であった。鯉の洗い、鰻のつけ焼、ほかに野菜たしか南瓜か何か煮てあった。

いつとはなしに食物のうまい、まずいは大てい見た目でわかるようになった私は、フト見ると鯉といい鰻といい、これはよいなと思った。このあたりの宿屋では夜仕掛けたヤナで漁したり、流針で釣ったりしたものを泊まり客に調理するのである。食物の材料は市場や、商人から購入するのではない。自分が漁して来るのである。そして妻君が女中を使って料理するのである。聞けば皆この湖水で今朝から漁ったものばかりだという。この頃は養殖流行でいわゆる天然産のものは益々貴重品となってくる。私は市場の商人がなんと説明しようとも、喰ってみたら、天然か養殖かは明瞭する。それは養殖のものは、一種の悪い癖があって喰ってすぐに判明するが、なお養成物は時間を経ても消化が悪く、おくびが出るが、天然ものだと決して後に残らない。見るから脂肪の濃いのを多食しても決して不消化を起こすことはない。

もちろん、野尻湖のような天然のよい湖水を前にしては養殖の必要はあるまい。多獲しなければよいのであろう。なお私の行った日から解禁になったという川海老、これは手長蝦という奴、これもよかったが、とにかく、鰻はよい。そこでさっそく交渉して、この頃中では一週間に一回くらい茶寮に取り寄せている。

◇

胸にもたれるような、大串を喰わぬと気がすまぬという、鰻喰いには適さぬかも知れぬが、茶寮などではとかく材料が局限されがちの憾《うらみ》があるので、淡味な料理の間の変わり種の鰻もよかろうと思ったからで、以来使用している。そして調理法は蒸しをかけた江戸焼でなく京焼という直焼《じかやき》のものであるが、皮も軟らかく喰える。

この野尻湖は信越線柏原駅から行くのであって、また柏原は俳人一茶出生の地であり、終焉の土蔵と墓は名所になっている。そして野尻の鰻は実はこの一茶五代の後孫小林善八氏が心配りして輸送される処である。

◇

法隆寺へは、京都の便利堂の用務のために時々出かけて行く。法隆寺はあらゆる古美術の淵源であるからでもあろうが、とにかく、法隆寺の門前に立つことは、富士の霊峯の前にたち、華厳の滝に向かった時のように一瞬いい知れぬ快感に接するのだ。現代を超越したと言うか、時代を遡《さかのぼ》ると言うか、ここには千古に渝《かわ》らぬものがあって、それが私の心を捉えるのではないかと思う。

「柿喰えば鐘が鳴るなり法隆寺」の句は子規の名句で法隆寺前に句碑が建っている。

柿の実る晩秋、澄みきった空に法隆寺の伽藍が聳《そび》えている。偶然に聞こえてくる鐘の音が、深き感銘を子規に与えたことと思われるが、私は七月の末暑い日盛りを修理事務所に今井さんを訪ねた時だ。卓子の上に今しも樹枝からもいだばかりの桃が美しい色彩の生気を放っているではないか。今井さんは言う、「これは寺の境内に実る桃で、今初なりのものをもいだものです。ひとついかがです」と薦められた。この桃は白桃種であるが、地味がよいか栽培がよいか、見た処大きさも立派だし、これは美味いと直感したのですぐに備えの庖丁で風味した。

我々は果物は冷蔵した冷たいものばかり喰べておるから、生温かいものはそれだけで不味いが、これはなんという美味さだろう。肉の軟らかさ香り、ほとんど酸味を覚えない酸味、充分な甘味、繊維がないから口中に滓が残らぬなど、およそ水蜜桃としてかくのごとき美味いのに出会《しゅっかい》したことは皆無で感心した。寺での作男は相当自慢ものとのことだが、これならどのような自慢でもできる。ちょうどその時は不在であって、栽培上のことを聞くを得なかったが、乞うがままに今井さんから一箱を頂戴して大阪茶寮へ持ち帰った。さて茶寮に備えのものと、さらに喰べ競べてみたが到底これには及ばないので、なんとかしてご分譲を受けたいと依頼したが、今井さんが旅行をせられたりして、ついに望みを達せなかったのは遺憾であった。

明年は是非心配りしてもらうつもりである。

　こと意外うまき桃あり法隆寺
うまき桃と法隆寺と何の因縁
桃の味も国宝級か法隆寺

可笑しな組み合わせの題名の由来は以上の次第である。

『星岡』昭和十三年十月号（九十五号）所載

※「前年本誌に竹白氏が法隆寺の桃のことを書いていたが、その法隆寺の桃が、今茶寮の食後に出されている。この桃は一見何の変りもないが食べてみると、酸味がなく、ふんわり甘い、歯当たりの感触もよく、味もよい。ただ実に近い部分の果肉に、ほろにがい味がある。ともかく珍しい桃である。」（「小文録」『星岡』百六号）

竹白撮影（『星岡』九十三号）

今年からはさらに美味くなる

星岡のおそば

生《き》そばにうどん粉（メリケン粉）を混用することはいつ頃から始まったか知らない。これはこの頃のように法による統制からスフを混用することなどと異なり、社会大衆上の自然作用からであろうが、とにかく現在では信州に行っても商売屋のものは全部メリケン紛の混用であることは誠に嘆ずべきことだ。信越線の駅のホームのそばももちろん混用されておるのである。

そこで、茶寮では数年前から昔を憶うて、純粋のそば粉で作ったそばに、鷹ヶ峰のからみ大根を添えて薦め、好評を博している。

◇

そばは実のままで取り寄せて、調理場の一部に臼を設備して、当日使用する分だけを日々挽いている。挽いた粉を数日も放置すると風を引くと言って、打っても美味くない。だからなるべく挽きたてを用いるように心懸けておるのである。最初の頃は白山下（加賀白山）のものを取り寄せたが、品が少なくて手廻りかねることが多く、ついにあきらめて、今は信州大町の雑穀問屋から送らせておるのであった。

打ち方は明治維新の義人竹林某氏の孫で、刀鍛冶であった同姓新七老人が、若い時からの道楽でそば打ちが上手であったので、刀鍛冶の仕事もないままに呑気なこの老人を茶寮へ数ヶ月も滞在せしめて、料理人に習得させたのが最初であった。爾来星岡へ来た料理人は誰でもそば打ちを習って、暇をとって帰る頃は一かどのそば打ちになるという仕末である。しかし数ある料理人が交代でやるので時々上手下手があり、またその時の出来不出来もあるが、その上を我々が喧《やかま》しく言って、よりよいものを作ろうと心懸けておるのである。

◇

ところが今夏信州柏原に在る一茶の後孫という、小林善八さんを知るに及んで、氏の母御がそば打ちはすこぶる巧みで、野尻に遊んだ際に、このそばをよばれたのだ。ちょうどこれから新そばの季節に入るが、信州の一茶の孫さんから何かとそばのお世話になるのはなんだか意義が深いようだ。新そばの挽きたての粉は、ぐっと手に一握りすると、なんともいえぬ湿りがあり、握った手を放しても、その形状が固くくずれぬのである。こういう粉を芋や何か、つなぎを用いず、水だけでこねて打つのであるが、これこそそばの醍醐味であると言わねばならぬ。私がこの母御の打ったそばをよばれたのは八月の末で、いわば一番不味い時節であったが、それでも大笊《ざる》を平らげてしまったのであった。

◇

一口に信州そばと言っても戸隠というのは戸隠山麓のもの、また更科という屋号の生まれたのも所銓は信州更科郡のものという自慢からであるが、この野尻、柏原附近のものが一番よいとされている。そこで小林氏を知ったのが幸いで、今年は柏原の農会に依頼して、各自が採取したもののうちから最良品を選定して送られることになった。そして打ち方は小林さんの母御が指導されることになっている。なおまた柏原駅の駅長さんとも親しくなったが、この駅長さんもなかなかそば通であって、私が水だけで打ったそばも悪くはないが、あまりに枯淡すぎる、今少し普通の美味さがほしい、やはりよい芋をつなぎにした方がよいのではないかといったら、同感を表されて、その芋は越後柏崎の近隣の駅から沢山出荷したことがある。その芋が適しますとのことで、これを是非供給されるように頼んだのであった。

◇

これは果たして全部この品が手に入るかは現在では断言できないが、そばのうちで一番美味いのは青そばであって、打ち上げたものが薄い緑色を帯びたもの、殻を取ってさらにアマ皮を丁寧に挽き取ると、青い色が出てくるもので、普通に色の黒いのが美味いとされているのはアマ皮を充分に除かぬためであって、これは風情を尊びまたそれだけ香りもあるが、青そばというのはまた別である。昔銀座の籔そばで青いそばを出したが、あれは青粉を使って、この青そばを摸したのである。この青そばを挽くためには臼の目を新しく、たたき直す必要があり、こ

れも柏原の駅長さんのお世話で三十年も臼ひきをやっている男を、近日中に紹介上京せしめられる手筈になっている。(1)

◇

京都の鷹ヶ峰のからみ大根は本年はもう第一回の採取が着荷している。さっそくおろして生醬油をかけて喰べてみる。不相変《あいかわらず》うまい。ところがこの夏妙高温泉で朝食に出してくれた大根おろしが、からみ大根ほどではないが、相当うまかったので、宿のおかみさんに尋ねてみたら、スキーのお客さん連に、これを煮て上げますととても美味い、この大根だけあればよいと言われるとの挨拶であった。後で小林さんにこの話をしたら、この種の大根はやはり、妙高山麓、田口、柏原あたりでとれるもので、昔は長野の町へ、百姓が担いで「北山大根！　北山大根！」と呼売したものだとのことだ。長野市を京都市にたとえるなら、柏原あたりは正に北山に相違ない。そして長野の町でそばを喰うのにこの北山大根を配したことは、京都のから大根と誠に話が似て面白いと思った。しかも今は長野の町にも売り声は聞けない点でも、京都のからみ大根と同じ運命にあるようだ。

かくて古来の美食品も時勢の大量安価主義の犠牲となり亡び行きつつあるのは、彼の歌舞伎劇や文楽などと同様の立場にあり、なんとか特志家の保護一考さるる処であろうが、ただ美食品に関する限り、茶寮によりて、わずかでも、これが保存されつつあるのはいささか誇りとす

ることができるようだ。（十月二十二日）

『星岡』昭和十三年十一月号（九十六号）所載

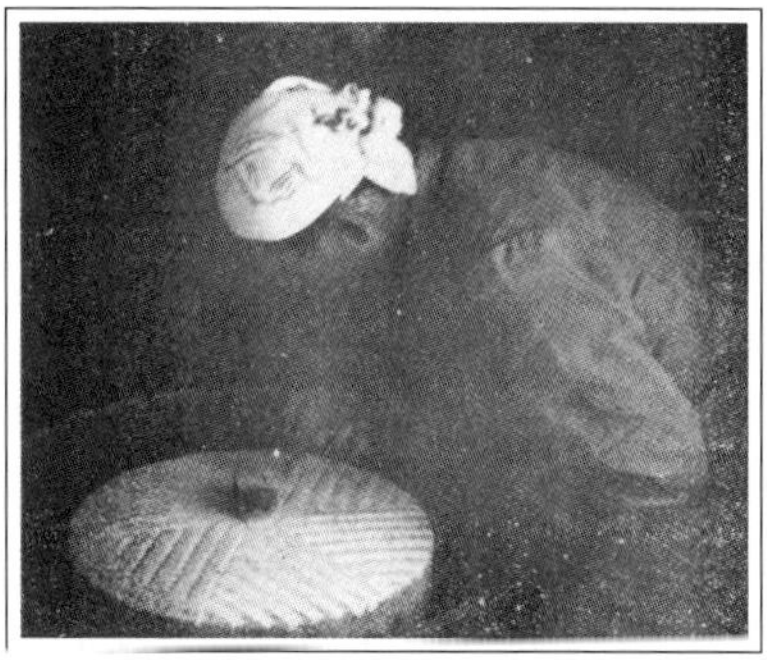

1「蕎麦に名のある信州の柏原に、田光さんとて蕎麦の臼を手掛けて十五年という人がある。今度例の俳聖一茶の孫にあたる小林善八氏の肝いりで、この田光氏が茶寮の蕎麦臼の手入れをした。写真は手入れ中の田光氏。田光さんの話によると蕎麦に熱を持たせず引くことができる。熱をもたせると大切なねばりを失う。蕎麦粉だけで蕎麦が打てないなどというのは、皆粉にするとき熱してしまうからであると、ともかく茶寮の蕎麦がまた一段とウマクなったのは、自慢できる」(「さ・え・ら」『星岡』九十七号)

温雅な作品

作品は所詮は作者の現れである。温雅な性格の河合君(1)の作品に親しみがあり、温雅な匂いのするのは当然である。

光悦の住んだ鷹ヶ峯は京都の北西であるが、河合君の住んでいる向日窯は、京の南西にある。同君の生まれた処は、陶家の並ぶ五條坂であったが、いつの頃よりかこれを嫌って、今の西向日町の偏趨《へんすう》に居を定められた。ここは鷹ヶ峯のような丸い山はないが、丘陵がつづいて、藪になっている処だ。厨裏から筍を掘ってきて、竹の葉の焚火で焙って、生醤油をかけて、早春の頃不意に訪れる雅客に饗せられる、河合君である。また、孔雀を飼っておられるが、その孔雀が生んだ卵を孵させて、孔雀の二世をも育てている河合君である。

向日窯には柿の木が処々にあった。私の行った頃は冬の初頭で、落葉の早い柿にはもう実さえもなかった。ただ葭簾《よしすだれ》が洋館の窓に吊ってあって、このすだれ越しに癖面白い柿の枝を眺めていたら、不意に可愛らしいお嬢さんが、元気なスキーやけの顔をして、莞爾々々《にっこり》しながら茶菓を運んで来られて嬉しかった記憶が明瞭《はっき》りしている。さらに夫人の手料理に次のお嬢さんとが、接待につとめられて温かい家庭の親しみを感じたのであった。

河合君の作陶には親しみがあるのは当然である。轆轤《ろくろ》も穏やかな美しさがあるし、釉薬には個性の香り豊かなものがある。赤絵付ものに到っては、世に定評がある通り、呉須の色沢には、私は敬服愛賞する処である。

今回の作陶展も、君に親しみを持つ人々が集まって発起し、新しく親しみを持つ人の間に頒布せらるることであって、誠に奥床しい次第である。

一言君を推薦する処也。昭和十三年初秋

『星岡』昭和十三年十一月号(九十六号)所載

1 河合君とあるのは、河合卯之助氏(文末の註33参照)。氏の作品頒布会「向日窯の会」が企画され、同月十九日、二十日に東京星岡で開催された。

赤いルビーのようなマスカットのできる話

志方さんの趣味生活

志方さんは若くして、英国に留学し、余暇に建築や、園芸や、自分の趣味のままに研究して、今や、アマチュアーとしての大家である。今の曽根の星岡は先代の意図から生まれた名建築であって、この父の子として宜《う》べなる次第である。志方さんは親父の数寄屋建築を星岡に委せてから自分は西欧の田園建築を自ら設計して、納まっていられる。時に招かれて行くと、綺麗に苅り込んだ芝生や、樹木の配置が自ら日本放れがしていて、倫敦の郊外の貴族の住宅を想い浮かべるような情趣である。室内の調度品も全部、自ら設計した得意のものばかりである。したがって後庭には西洋の花卉もあり、蔬菜園もあり、香り高い温室もある。その上おそらく日本国中で、どこでも喰えない西洋料理を饗せられるのである。これも志方さんの道楽のひとつで、このような料理を市井で商売としたら繁昌するであろうけれど随分高価につくであろうと思うのである。よく星岡から、新鮮な魚類や、鼈《すっぽん》などの材料を提供して、ご馳走になるが、万事が日本放れがしていて、私のような者には、平常の生活と変化があり、魅力があり、楽しみでもあるのだ。私はここで志方さんのことを饒舌に述べるのが目的ではない。志方さんはある日

右より　遠山氏、志方氏、並河教授、岡本氏、筆者

星岡の果物はいつもよいが

近日その道の大家を三人程誘って行くから、ひとつ話してみませんかと言うのであって、自分は研究になることでもあり、直ちに賛成してお待ち受けしたのであった。十月の中旬頃であったか。

京都帝国大学の教授並河巧さん、大阪府立園芸学校教授の遠山正瑛さん、それに京都桃山日本一の薔薇栽培家の岡本勘次郎さん、そこへ志方さんと私とであった。その日の話は並河先生がお持ちになった、日本在来の柿の品種七種から話が始まって、およそ果物の世界行脚をした

ように話がはずんだ。私こそ世界旅行をしたことはないが、ほかの方々は学問のために数年間世界各地に滞在して研究せられたのであるから、この時の話を速記しておけば、立派な果物の座談会となったのであるがそれは後の祭であった。しかしこれを機縁として、今後本誌にご研究を投稿して頂くことになったのは喜ばしい次第である。

柿は日本独特の果物

並河先生は特に柿の研究家で、お説によると、我々が一口にキザ柿とかころ柿とか言っておるものも数十種の種類があり、それぞれ地方色がある処に頗《すこぶ》る興味があるのである。そして御所だとか、富有だとかいう種類のものは元より優秀で柿界の首座を占めたものであるが、これらを賞味するのは実は柿道の通ではないのである。この日持参せられたのはまだ時季が早くて七種であったが、その中では水島が一番美味かったが、黒柿と言って一見すると腐っているかと思われる珍しいものも見たのであった。並河先生は渋柿のうちで適当にサワしたものは結局一番うまいとのお説でもあった。しかし星岡などでは詳しい説明をして一々客にすすめる訳にもならぬので、外観のよいもので美味いものという処に落付くのであるから、平凡な富有御所次郎などより薦めがたくなると弁じたのであった。

柿の天然糖で作る菓子

つるし柿の周囲の粉ばかりで作った菓子を支那通の人からもらったのは十数年前であっ

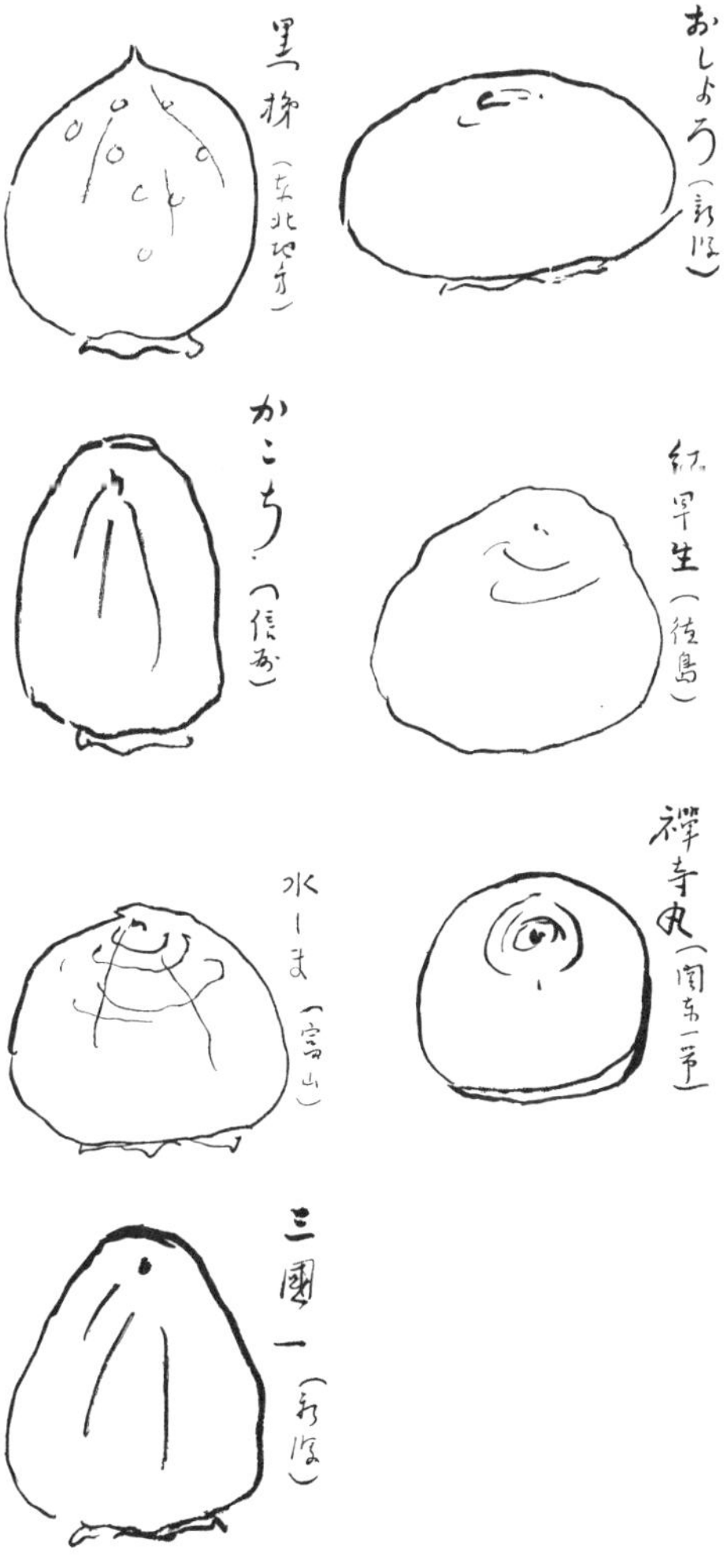

た。その記憶から尋ねてみたら、遠山先生は支那にも永く滞在研究せられた方で、よく知っておられた。これは永年の希望で是非手に入れたいと話したら、近く取り寄せてもらえることになった。柿の周囲わずかずつ吹き出す白い粉ばかりを集めて、小さな押菓子としたもので、口中に入れると細かい滑らかな分子が溶けるような味覚を与えるもので、たしかに珍菓である。この菓子は菓子というよりは、果物かも知れない。果物から自然に発生した糖分ばかりの集積で、とても気の短い日本人には不向きなものだが、そこは支那人で、これを集め集め大きな袋に入れて奥地から市場に出すそうである。私は昨年北京に行った時もおみやげに得たいと苦心したが、その道の人に会わないためか得られなかったので、早くほしいと思っている。

大阪府立園芸学校

こえて十一月上旬の某日、曽根から程近い石橋の府立園芸学校に遠山先生を訪ねた。園芸学校を見学することは、私などの職業がら当然の責務でもあるのだ。

ここは阪急石橋駅から東方へ約十五丁位あるが、なだらかな坂道を上ると、後方に山を負う見るから健康地に感ぜられる地点である。私は校前の日時計を前にして今正午を過ぎたばかりの秋晴の天空を仰ぎ、起伏ある平原が持つ興趣、前庭の露地に作られた、カーネーションの畑、少し隔てて浅緑の蔬菜園、遙かに暗緑の森林の一帯、その中間の窪地に銀光を発している薄の穂、半ば苅りとられた稲田など、田園の絶景にしばし恍惚として、思わず深く大気を呼吸したのであった。

遠山先生は土に親しむ服装のまま快く迎えられて我らを案内してくれられた。

大阪府立園芸学校新敷地に立てる遠山教授（右）

アスペラとセロリーの栽培

罐詰のアスペラガスは知っておるが、どうして栽培せられるか知る人は少ないと思う。自分もお恥ずかしい次第であるが初めて知ったのだ。あの西洋花卉の切り花に添えてある、繊細な夢のような細葉の草、アスペラと言っておるものと食用のものと同種であるのだ。その繊細なアスペラは実は薇《わらび》が長《た》けるように、アスペラの長けたものなのだ。二、三年も長けるがままに培てると根が張って大きくなるのだ。根を大きくすると、やがて春が来ると太いアスペラガスが生まれるのだということだ。面白いことには草に雌雄があった。雌は赤い実を結ぶ。しかし食用にするものは雄草が適し太いものを発生するとのことだ。そこで二、三年間株を生育させるうちに雌草を除き、雄草のみを移植して栽培するのである。次にセロリーの畑を見る。これは白菜畑を見るようだが、茎の部分を紙でくるんであるのである。収穫は来月頃がよい、今はまだ少し早いといいながら、中でも成熟したものを数茎抜いて頂いた。セロリー畑も初めての経験である。これは春から夏を経て晩秋の収穫が適しているが、あまり暑い気候は適さないそうだ。信州のような高原地がよいとのことだ。

支那の桜桃と薬草コエンドコロ(1)

珍しい支那の桜樹を説明せられた、京都御室《おむろ》、仁和寺境内の桜に似た樹を支那から取り寄せたもので、これに実る桜桃はなかなか美味いとのことだ。また三葉のような草があって、胃腸に効ある薬草と説明されてある。この葉をきざんで支那料理のヤクミにするそうだ。この香気はほかに類例のない一種の臭気があり、強烈なもので、小さな茎二、三本をキザムと室中一杯に異臭が充満するくらいのもの、少々もらって帰り、夜食に蕎麦のヤクミにしてみた。韮《にら》などと同じく初めから好みがたいものだが、味を占めたら忘れられぬものだろう。

赤色マスカット

最後に葡萄を栽培せる温室に誘われた。折ふしマスカットは全部きりつくし、今はグローコルマンの房が累々としている。遠山先生は「もう大分よいものはきってしまいました」「星岡に使ってもらうような優品はありません」となかなかの謙遜に痛み入る。しかしあまり美事なために所望したら、おみやげに数房頂いた。そして「来年は赤いマスカットを産出しますよ！」と驚くべき果物界のニュースを洩らされる。エメラルド色のアレキサンドリアに配するにルビーのようなマスカットができたとしたら色彩の妙ただ驚くのほかはない。世界的の珍種として輸入したものだとのことだ。これが実ったら、原色写真に撮影して本誌の口絵とするつもりである。

西洋野菜の日本料理化

初めは珍しい西洋種のものも内地で栽培され、日本の土に育つ時は日本の野菜になるというのが私の持論である。ただ初めのうちは習慣が許さないだけであるが、経年のうちにはなんの不思議も奇もなくなってしまう例は遡《さかのぼ》って考えれば幾らでもある。

だから日本料理を調理する上においても、眼界を世界に向かって開いて、局限せられた材料の拡張を計るべきだと思うのである。我ら幾分先覚を以って任ずるものは、この研究心こそ大切な心懸けであろう。そしてこういう研究には是非先生方のご協力ご指導を得たいと願ったら、先生は「それこそこちらからの望む処である。栽培家は栽培して市場に送るまでは不充分で、これがいかに調理せられいかに賞味せられるかまで極めるのが真の栽培家の心懸けである」と、なんとも頼もしいお言葉を賜って、肝胆相照らし、幸いに曽根と石橋は附近のことでもあり、今後は大いに相通じようとのことで嬉しかった。

帰途は近く移転さるるという阪急線左側の四十万坪の新農園を見せてもらって、車中にセロリーの香りを載せて星岡へ帰った。

かくして志方さんの芳志は追々実を結んでいきそうだ。

『星岡』昭和十三年十二月号(九十七号)所載

1 コエンドコロ：コリアンダー（別名中国パセリ、香菜《シャンツァイ》、パクチー）の和名。

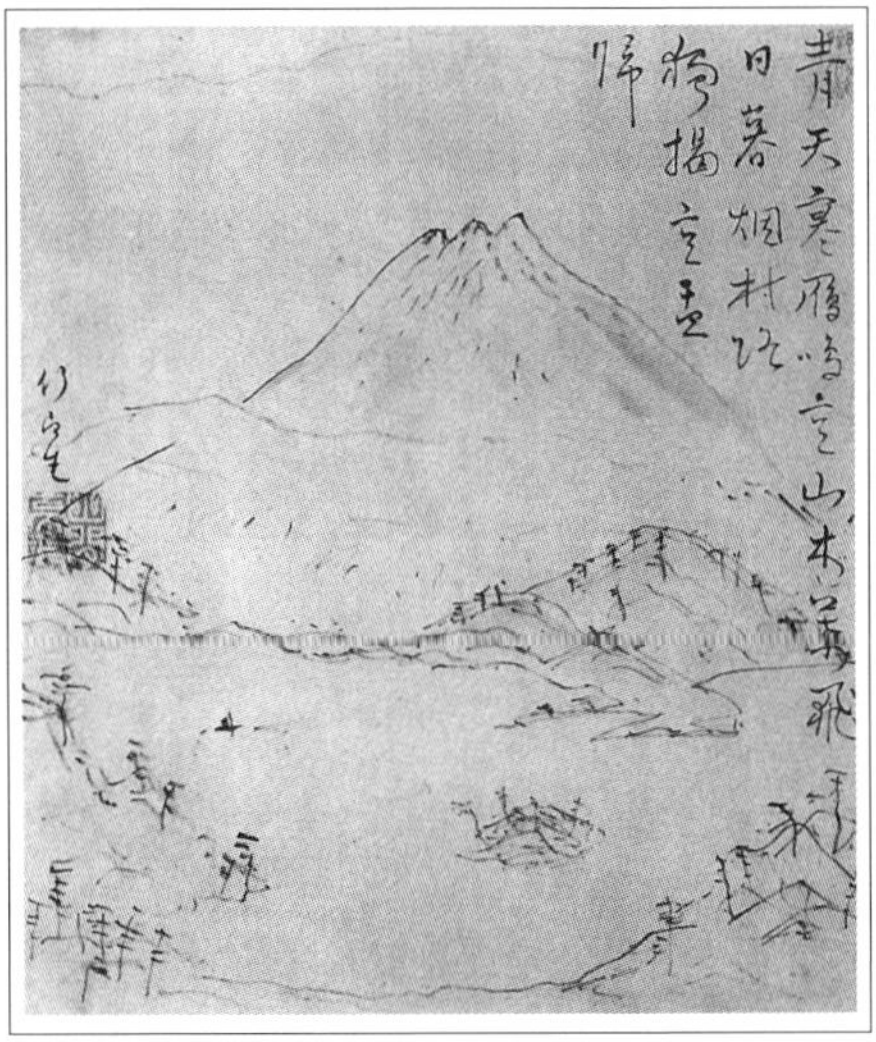

竹白筆（昭和十二〜十五年頃）

炉辺漫談

カメラにはずいぶん、永らく親しんでいるし、カメラを例にとると話がわかり良いかも知れん。

いったいにカメラ愛好家は、カメラの上下を論ずる場合が多い。もちろんカメラは良い方が良い写真が撮れる。しかし、要はカメラを完全に活かして使うことにある。早い話が立派なカメラで下手に撮った写真よりは、カメラは劣っていても、充分機能を発揮さして撮った写真の方がすぐれている。だから技達すればカメラの上下などはある程度まで問題でなくなるとも言える。

どんなカメラでもよろしい。そのカメラを通して力一杯のものを写すことが問題である。

料理でもそうである。ことに、日常の家庭料理、たとえばうまい料理を作ることに必ずしも材料の撰択を主とせずとも、有り合わせでうまくできると言い得よう。味噌汁などというものになると、まったくこの通りだと日頃私は思っている。

よく人から、朝餐の味噌汁には何味噌がよいか、どこの味噌が一番美味しいかというような質問を受けるが、人によって好みが違うからどこの味噌とは一概に言えまい。ここでも私は、いずれの味噌にしろ、その持つ本来の味を、渾然《こんぜん》と出すことが、料理の力であり、そこが肝腎だと思う。味噌もすなわち材料で、またカメラのごときものであると言えよう。

◇

さて、味という言葉が出てきたが、これくらい広く微妙な意味を持って遣われる言葉もないであろう。味のある絵、味のある書、味のある文、味のある人間、味のある器物、さては恋の味、浮世の味などなど…だが、本源は人間本能の食から出たことに間違いはない。つまり食味の味だ。

ところで、食物の味というからには、これはあるひとつの食物を、舌に載せ、咀嚼し嚥下し胃の腑に納まるまでの全過程の感覚の総和に違いない。現在でもごくごく狭義には、もちろん味というものをここへ持ってきている。

さてこの味についてであるが、まずひとつの食物を見た場合、味覚を誘発することもかなり重大だと思う。ことに美食においてしかりである。これはもっぱら器物や調度であって快い環境を作ることが第一である。

なぜならば食通であればあるほど、本人は無意識にしろ、この感覚にはすこぶる尖鋭であり潔癖であるからだ。

しかし賞美という点になると、これは各個人によって多少の相違があり、一概には言われない。ことに年齢によって違う。一般に年をとるにしたがって淡味のものをたしなむのは人の知る所である。では、どのあたりに標準を置くべきか。これがいつも私どもの問題だ。星岡では、現在では大体、年齢五十歳前後、相当美食に慣れた人々の賞味趣向を目標としている。濃厚よりも淡味を目指している。

◇

いったい私は、濃度な味を持つものに美食家の誰もが折紙をつけるものはないと思っている。経験の少ない若い人達が初めて食ってうまいと感ずるものは駄目で、こんなものがなぜ美味いと言うだろうと考えるものこそ、珍重味を含蓄するものと考えている。

適度の美味を感じながら、喫し尽くし、食し終わって、なんとなくお腹が一杯になったなと感じる料理が、もっとも完璧な味の料理であると思うのである。

◇

こういう目標のもとに、諸国に珍味を探り佳肴を求め、あるいはまた時勢に押されて失われようとする伝統を尋ねて、これを生かしてゆこうと心懸けている。

こんな意味から星岡には実に様々な地方の特産物が集まっている。その中には、星岡が使用するだけを作ってくれているものもある。

そんな話をしていたら、ある人から、そうしたものの一般生産普及はできないものかという話が出たが、これは一面においては可能であり、一面においては不可能であろうと思う。というのは、たとえば京の蝦芋について例を引いてみると、これが京九条以外の日本のどこでもできないかということだ。

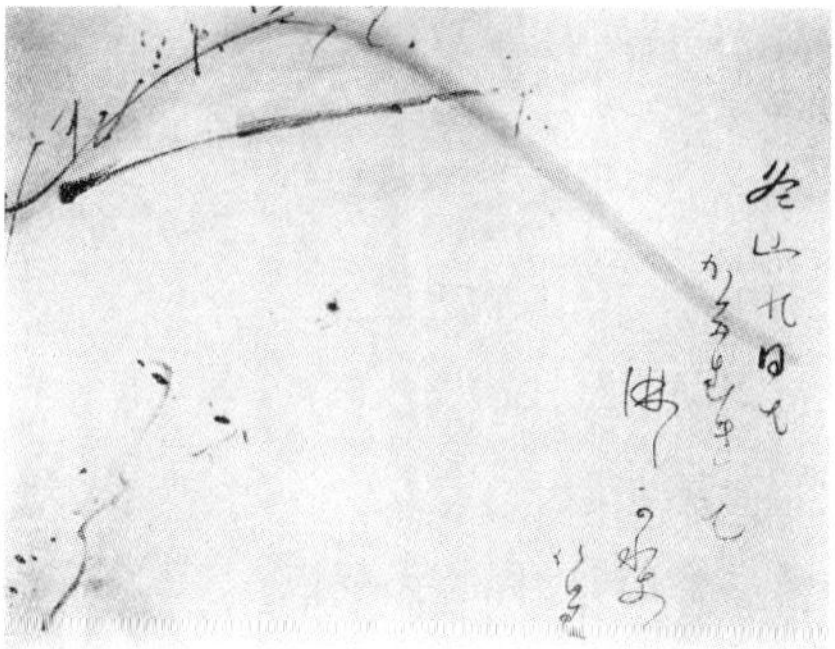

冬山　竹白筆

私はできると思う。しかしこれにはなかなか条件が要る。単に種芋を植える地味、肥料を吟味するばかりではなく、それを作るにあたって、百性達の中にしみ込んでいる古い伝統をも細かく教え長年月の精根を尽したら、必ずこれと同じものを作るということは不可能ではないと考える。けれどもそこには自ら限界があり、これを一地方の産物にまで発展させるにはこれの需要の普及性と関連せねば不可能事だと思う。これは現在は速成野菜と果実界には盛んに応用せられている。

すべて、一地方の産物というものは、単なる地味風土のみがこれを作るものではなく、そこには百姓達の血に流れている古い伝統とともに存し、天然と人間とが融合一体をなした所に初めて生まれているものだと考えるのである。

◇

しかし、天産物ということになると、これはまったくどうにもならないことだ。鮎などはその最たるものである。鮎の味は川にあると言うが、私は鮎の味は山にあると思う。ある一川一河の鮎が持つ味は、その河川をなす山全体の味――その土質、地形、気候、そこに生ずる樹木、ことに河岸に生ずる苔類の性質、水質、そういう全体の諸条件の総合したものがこの鮎の味になる。ここにはまったく人為というものが働いていないが、今日現在行われている、放流鮎の成長には幾多の人知が加味されている。

ここまで書いてくると、人知の進歩も量り知られざるものがあるごとく、単に食味界と言ってもどんなことになるか量りしれない。

『星岡』昭和十四年二月号（九十九号）所載

炉 辺 漫 談

昔茶寮にあった道具

早いもので星岡の雑誌もこの三月で百号になった。百号というと約八年の歳月である。ずいぶん永い年月を重ねたと思う。が、そもそも茶寮がこの星岡に創立されたのは明治十六年のことで、それから現在までの年月を数えると五十五年にもなる。その歴史に較べると、八年は永いようで短い。この八年間にも思い出してみると種々の出来事があったのだから、創立以来の永い間には実に数え切れぬほどの逸話逸事があったことと思う。

ちょうど震災の一年ほど後のことだった。茶寮を復興することになって見聞に来たのだが、その時眼にした茶寮の有様がまだに眼底に残っている。さびれたというより、むしろ廃屋同様と言いたいまでで、その殺風景なことお話にならなかった。まず庭を見ると生垣があるが枝は伸び放題、いつ植木屋を入れたともわからない。庭石なども所々剥がした跡がある。そこへ雑草が、われ顔に生えている。思わず撫然とするほどの荒廃ようであった。

それから建物の中に、何か茶寮らしい道具の残っているものはないかと、あちこち探してみたがこれもない。わずかに置き忘れられたように残っていたのが、現在階下の座敷に掛かっている梅年の「星岡茶寮」の額。これが、あだかも茶寮をひとり守護するがごとく残っていた。淋しさの中にもなんとなく力強い気がしたのである。款記の癸未の年は、ちょうど明治十六年の干支にあたるので、おそらくこれは創立当時記念に残されたものと思う。梅年は前田侯の祖父にあたる方で、向島の小梅に居られたと、これは徳川公から承った。

次に見附かったのは鋳物の鉄の火鉢が十箇ほどである。(写真参照)

階下広間の額

鉄の火鉢

◇

古い記録をみると、利休堂という奥の茶室には利休の像が祭ってあったとある。それを便りにここを調べたのだが、利休の像はおろか、祭ってあった面影を偲ぶよすがもない。果たして記録通りであったとしたら、その利休像はどこへ行ってしまったか。古い方に伺ってみたい、調査もしたいと思っていながらいまだに果たさないでいる。

何しろ茶寮は、大正五、六年から震災までの間に、五、六人もの人に転々と売買されていた有様だから、その間に、何も彼も散逸してしまったものと思っている。それも時の運でやむを得ないことであろうが、そのままで置いたら、かかる由緒ある茶寮まで影を消してしまう危険な状態にあった所だ。それが幸い吾々の手に入り、引続いて会員諸賢の厚い支援の賜物として、逐次回復もなり、新館も増設し、今日ごとき立派な茶寮を起こすことができたのは喜ばしい次第であると思っている。

◇

その後も、何か茶寮創立以来の由緒ある道具類が、どこかから出てきそうなものだと、自分でも心懸け、数寄者の教えも待っていた所、一昨年の暮れのことであった。ここに原色版にして挿入して置いた慶入《けいにゅう》作の楽の茶碗(編註：左頁に挿図)が金沢のある道具屋で発見された。黒と赤との二つも出てきたのである。しかも、その茶碗の裏には「茶寮常什」の文字が読めるのである。おまけに嬉しいことにはその入れてある箱までが旧躰のままで、これには紙のかぶせ蓋が附いているのだが、それに、明治二十年某月三井八郎次郎氏よりの寄附と認めてあるのである。まさに茶寮と言うにもっとも相応しい茶器しかも茶碗が、それこそ幾年振りかでわが家に帰ってきたわけだ。

慶入作　赤楽筒茶碗

同高台　白楽印

しかるに、因縁と言おうか、なんと言おうか誠に妙なもので、この茶碗が発見されるとほとんど時を同じうして、神戸の方のある知人から、こんなものを本屋で見附けたからと言って贈り届けられた。

みれば和紙横綴の紙魚の跡なども見える一小冊子だったが、これが、明治二十一年代の星岡茶寮の献立表、と言っても当時茶寮は茶会席が主だったのでその会記なのである。さっそく頁を繰ってみると、二十一年間全部のものである。しかもその中には、慶入の赤楽の筒茶碗を用いて会席を行った記載がある。実に発見された茶碗が茶寮に由緒深いものであることが文献によって立証された訳で、なんとも奇遇なことだと思っている。

◇

それから本号の表紙に写真にしたのは、現在茶寮の有になっている掛軸で、これは最近東京のさる書画屋から購入したものだが、その文字からみて、やはり以前は茶寮に属していたものではなかったかと思う。

正二位実愛とは、維新の元勲嵯峨実愛卿のことである。

◇

こういうわけで、自分は茶寮の歴史を非常になつかしいと思い、茶寮に縁のある道具類は、またもとの茶寮に返してみたいものと微力を尽している次第で、皆様の中でも、そうした道具などにお眼のとまった方がありましたら、遠慮なく申し出て頂きたいものと思っている。

そうして幸いにもし、由緒ある道具類が揃ったら、これを用いて、記念の茶会を催したいというのが自分日頃の念願である。

◇

わが国も多年西欧の文明に風靡された傾きがあったが、今後は日本固有の文明というものが逆に西欧に向かって流れ、その認識が深められるであろう。この際に当たって、茶寮は明治以来の伝統と主旨に生き、ますます国粋発揮に努めたいと考えている。

追記　文中の赤楽茶碗の作者慶入について記してみれば、慶入幼名は忽吉諱は喜貫、文化十四年の生まれである。慶入は楽代々中において技工の点ではその右に出る者なく、実に精巧無比ノンコウの再来とも謳われている。印面から想像しても製作振り瀟洒、翻転自在にして、轆轤《ろくろ》目より、糸切り箆目、釉薬の変化、絵付けの高雅なるに高い気品が現れ、茶人間に喜ばれるも故あることと言われている。
使用した印は父旦入在世中は紫野黄梅院大綱和尚の筆で、次は董其昌の法帖から撰んだ俗に白楽という印。最後は明治四年剃髪後の印の以上三つ。歿年は明治三十五年八十六歳である。

『星岡』昭和十四年三月号（百号）所載

民さんの茄子

星岡では毎年彼岸頃からの献立の中に、速成の茄子を加える習慣になっている。近頃では速成の茄子も、あっちこっちに栽培所があって盛んに作られてはいるが、そのうちに断然ほかにぬきん出て優秀なものがある。それがこれからお話ししようと思っている民さんの茄子である。

◇

民さんの栽培した茄子は、ちょっと見た眼にも実に素晴らしいものである。こうした野菜類のようなものでも、作る人の苦心と精魂がそこにこもれば、立派な芸術品と言えるだろうというようなことを、つくづくに、考えさせられる見事な出来の茄子である。

第一に、手にとってみた時の肌の感じが素敵である。清純なこと、あだかも乳児の肌のごとくで、程のよいしっとりとした湿潤があって、その色には小林古径さんの絵にも見まがうようななんとも言いようのない気品がある。まあ簡単に言えば茄子の貴族とでも言うべきものであろう。

これを星岡では、田舎煮とか、または鰊茄子のごときごくあっさりした総菜風のものに料理しているが、食べた味はどうも誠によろしい。皮は薄く、種など少しも舌にさわらない。

あんまり外見も良し、食べても良しで何拍子もそろっているので、とうとうこの茄子の魅力に囚われてしまった。その栽培法に興味を持ち出し、一度実地の見聞に行ってみたくなった。幸い先日のこと都合がついたので、編輯部の林君を誘って同行した。

◇

民さんの茄子栽培場全景

民さんの速成茄子栽培場は、東京の近郊鶴見の山の手へ二十町ばかり入った所にある。

だいたい野菜類の栽培には、天然の風土が密接な関係を持つものなので、それとなく注意をして行ってみたのだが、民さんの栽培場のある所はちょうど盆地をなしていた。これがまず天恵的な地の利をなしているものだと思った。

いったい、茄子ほど埃を嫌うものはないのだという。風あたりの激しい埃のたつ所では、どんなに苦心しても、自然茄子の肌は荒れてしまうものである。幾らフレームに入れてかこっておいても、やはり隙間風というものは

当主二代目民さん

避けられないもので、これが茄子の肌に不可抗的に作用していく。ところが、民さんの作る茄子ときては、その肌に疵どころか、擦れ痕ひとつないという完璧ななめらかさを持っているのだ。この肌の良さということは、要するにこの盆地であるという地形から得た、天然のたまものにほかならないのだと思った。

◇

案内を乞うと、出てきた民さんはもう五十あまりの老人であった。普通野良仕事をしている百性と、ちょっとも違わない百姓姿をしている。朴訥そのもののような人で、飾気などは黴塵もない。吾々にお茶一杯ふるまって、お世辞ひとつ言おうでもない、純朴さが気に入った。この生のままの真面目さがそのまま作る茄子にも移るのだ。それだから茄子が旨いのだなと感じた。

◇

さっそく、茄子が好いと褒めると、何しろ三十年の歴史がありますから、親爺の代から速成栽培を始めましたと言う。現在の民さんは二代目なわけだ。十年前に父親がなくなってからは自分一人でやり、伜にも手伝わしていたのだが、今事変のため出征してしまったので、その後はまた一人でやっているのだと言う。

◇

栽培の実地を見たいと言うとすぐ案内された。母屋の前に温室が一棟建っていたが、これは、トマトや花卉類を作るものであった。その側を通って行くとちょっとした石垣にかこわれた所に、長さ十間あまりのフレームが四列にならんでいる。この四棟のフレームが全部茄子の栽培に使用されているのである。そして、フレームではあるが、やはり蒸気の通る設備ができていた。

フレーム内を覗く筆者

フレームの中を見る。実に眠が覚めるようだ。あの茄子独特の紫がかった濃緑の葉が、いかにも清新に生々としている。葉一枚として虫の蝕ったようなものなどはない。その間に、明日あたり鋏《き》られるという茄子が艶々と光沢を放ってなっているのがのぞかれる。そのひとつひとつが、みんな星岡の調理部で手にとってみるのと同じもので、およそ屑などいうものはひとつもないのである。この光景を一眼見ただけでも、栽培者民さんの苦心と丹誠と努力が知れるのである。

この四棟のフレームからは、毎日、二、三百箇位ずつ鋏って市場へ出されるのだそうである。段々尋《き》いてみると、今より二十年前、もっと物価の安い時分でも、三箇一円位でどんどん売れたものだそうだ。それと比較してみると現在の値は諸物価に比例してそう高くなっているとは言えないようである。

◇

とにかく、こうした品質とともに優秀な茄子が速成栽培によって作られるということは、ひとり民さんの茄子の問題ばかりでなく、とかく食通間にうるさい問題となっている野菜の速成ということに、あるひとつの解決を提供しているものだと思う。

多くの食通は、野菜というものはなんと言ってもその季節のものが最も味においてよく、速成品は単に珍しいというだけで味は問題にならぬものだと言っている。けれども、この民さんの茄子を食味するに至っては、そこに速成ということは単に季節に先んじて珍しい品を作るということだけのものではないということを断言できるような気がする。つまりここでは、すでに単に速成ということを離れて、茄子そのものの品質が人工によって非常に優秀なものに進化されていると言えるのであって、茄子本来の最善完美なものに到達せんとしているとも言えるのである。

だから、ほかの野菜類にしても、単に早い珍しいものを作るというのではなくて、同時に品質の改良と進化が企てられたら、やがては速成品という名称はなくなって、むしろ、最も近代科学的な進化した蔬菜ともなるのではあるまいかと思う。天然の力も驚異ではあるが人工の力もさらに驚異を生んで行かねばいけないのである。

民さんの速成茄子が成功していることは、こういう意味からしても実に心強い嬉しいことであると思う。（五月三日記）

『星岡』昭和十四年六月号（百三号）所載

※「これも竹白さんが「民さんの茄子」を書いていたが茄子作りの名人民さんに、今年は京の加茂茄子の苗を取り寄せて作らせてみた。先日その茄子が成ったと持って来た。まあどうやらという出来であったが、民さんならばという期待に満点とはいかなかった。もっとも今年は茄子の取り方にも、またそれを植えるときにも少し手ちがいがあったから、初めてとしてはこんなもんだろうということであった。来年から本式にやってみる心算である。」（「小文録」『星岡』百六号）

擬宝珠と柿霜餅

珍しいものは必ず美味いとは限らない。しかし珍しいものを食うことはとにかくひとつの喜びである。七十五日寿命が延びるなんて誰が言い出したかは知らないが、たしかにこの間の消息を物語っている。

これは珍しいだけで、さっぱり美味くないといい、また名物に美味いものなし、などとも言う。中には話を聞いただけで、そりゃ美味そうだ、と感ずるものもある。

◇

加賀山中の塗師石斎さん(1)から、白山の麓に五、六月なお谷間に雪がある頃、傘になるような蕗《ふき》があり、またわらびもふんだんに採れる。岩魚も喰えるから行こうではありませんか、と二、三年も前から誘われていた。さて誰でも閑はあるようでなかなか得られぬものだ。しかし谷深い夏の山蕗はとても美味かろうと魅力を感じていたので、つい五月の末、出かけてみた。金沢の鶴来の町へ出てさらに六里も山奥、釜谷という所へ来てみた。まさに谿谷に雪はある。辻さんの旧知の山家へ着くと、もう蕗もわらびも採ってあった。少々時候が早いので蕗は想ったより小さく、聞けばこの頃は昔ほど大きくならんとのことで失望したが、そこに擬宝珠《ぎぼし》の大葉が沢山採ってあったので尋ねてみたら、食用だとのことだ。

◇

庭園の一隅に花を咲かす擬宝珠の喰えるのは不思議と思ったが、喰ってみるとこれはとても美味い。葉の根元から葉の拡がる処までの莖を、胡麻よごしで喰う。また味噌汁の実になる。色沢《しきたく》も碧緑で、蓮芋《はすいも》に似ているが、軟らかく甘味があり、なんらの癖もない美味さだ。

わらびも元より結構なものだし、岩魚も長い竹串で爐火で焼いてくれる風情といい、山家の心からの饗応《とりなし》は誠に嬉しいことであった。傍らの土鍋で椎茸ばかりをごとごと煮てそのまま汁椀についでくれたものなども、清純な味として悦んだが、なんと言っても擬宝珠は珍しかった。

◇

擬宝珠は帰途大阪茶寮へ俵につめて、おみやげにした。料理場ではこんなものは喰えるとか喰えぬとか、一通り大騒ぎしたが、さっと湯にして浸しものとしては、誰し

白山麓で喰った岩魚

白山麓釜谷の渓流

も異議を言うものはなく、わらびなどと同じく山野菜の珍とすることに一決した。ちょうど、園芸学校の遠山教授から電話があったので、擬宝珠の話をしたら、擬宝珠は自分の研究課目のひとつだと言って、すぐ来訪せられて、ともに試食することができた。遠山先生の研究によると、擬宝珠は西は九州薩摩より北は千島の端まであり、三百七十余種もの種類があるが、北陸一帯から秋田の方まで北海に面した雪深い処のものが、大きく発育して、食用に適するもので、暖地のものは固くて喰えないと聞いて、さすがにその道の学者なるかなと歎じた。

　この擬宝珠などはまったく予期しない珍物に出会《しゅっかい》して、美味くもあり、珍しくもあり、近頃忘れがたい風味であった。いずれ輸送の手つづきを取り計らって季節には茶寮でも使用してみたいと思っている。

◇

　震災以前のことだから、十七、八年も前のことだ。東仲通りに小池呦々《ゆうゆう》という支那骨董商の老人があった。九十三歳の高齢で、なお自分ひとりで商買《しょうばい》をやった。明治初年から文人物煎茶の流行につれて、名品を沢山持っていて頑固で評判であったが、その代り斯道の博学多識でよく話をしてくれた。古い漆器の檀紋に蛇腹檀は五百年、牛毛檀は一千年、梅花檀になると千五百年を経ないと出ない、などと支那的ではあるが、一理ある説明をして自分の持ちものを見せてくれた。この老人はまた玉露の入れ方を香、甘、渋、三味に確然と味がわかるように万宝順記か何かの名急須で、呉須の銘盌についでくれた。

ギボシを此所で喰った釜谷の山家

◇

その頃招ばれたある時のことだ。ちょっと丸くらいの扁平な押菓子があった。手に割って小片を口にするとこれは不思議だ。口中でぱっと融けてしまう。菓子は大てい甘いものだが、その甘味がまるで異なった甘味で、ほとんど筆舌に表現することができない。

舌の上で溶ける時になんとなしに冷たさを覚ゆるのも不思議だった。老人は自慢げに「この菓子は何でできたかわかるかな」と言う。まったく了解に苦しんでいると、「これは支那の奥地で作る菓子で、そら柿の皮をむいて吊しておく、あの吊し柿に日がたつと粉が火《ふ》くであろう、その白い粉末を沢山集めて、押したのがこの菓子だよ」と。

支那人の性癖として、どんな手間のかかることでも平気でやっていくのは、あらゆる、宝玉の彫刻や、竹工や、羽毛細工や、工芸品についてはいささか知る処はあるも、かくのごとき食品にまで習性を現したのは、面白いとつくづく感じた。そしてまたその特異な美味に深く感興を覚えたのであった。

◇

爾来小池老人の鼻を明かしてやりたい一念もあって、およそ支那食料品に交渉あるたびに、これを手に入れたいと、どのくらい苦心したか知れない。一昨年北支旅行をした折にも、いたる処で尋ねてもみ、需《もと》めてもみたが、ついに知る人もなく得られなかったのはもちろんである。がついに十数年後の今日不計《はからずも》、その一函を手に入れることができた。これも前に記した遠山教授が先年北京に数年間留学して彼地の植物、果樹、食品などの研究から齎《もた》らされたことで、本当に十数年の念願が叶って喜んでいる。名称も今度初めて知ったのだが、柿霜餅《しそうへい》というので、霜という文字を用いた処も支那らしく面白い。

ただその味は、先年のものより質も劣り、したがって味も不充分に思えるので、教授に尋ねてみたら、たしかにこの品は落ちているが、これは今次事変のため奥地まで種々影響する処があってのことと言う。

しかしなんと言ってもほかに比較を持たない珍味であるから、さらに数函を手に入れたいと欲望を起こして目下手配最中である。（六月十三日記）

『星岡』昭和十四年七月号（百四号）所載

1 塗師石斎さん：二代辻石斎。加賀蒔絵の名工として知られ、北大路魯山人と共作で「日月椀」等の名品を数多く残した。

「加賀の白山は、五、六月になっても尚谷間は雪にうもれている。

私の住む町が美しい秋のよそおいに、変る頃、白山の優雅な姿は、一連の絵のようで最高の美しさでもある。（略）それらの風景を目にする時いつも思い出すのは、故中村さんと御一緒にその山奥深く珍しい自然の味を心いくまで慕ったことである。（略）大阪の曽根にも支店ができ、誠に中村さんには、ご多忙の毎日でした。

以前から手紙で、何度もお誘いしておりましたが、ようやくのことで北陸路へ足をのばして来て下さったので早速、伴って百万石をしのぶ金沢から、更に数十里の白山山麓の、釜谷と言う部落に私の旧知の家を、たずねました。（略）その時、この家に大葉の擬宝珠が沢山採ってありました。

この擬宝珠は食用かとおききになり「これは珍らしいね。擬宝珠とは、庭園の一隅に花を咲かすあれだけのものと思っていたのにね」と大変珍しがられ、早速料理していただき試食されました。

（略）珍しいものを喰うと七－五日寿命がのびると、山奥の珍味を食通の中村さんは忘れられぬ風味だとおっしゃって、喜んでおられました。そしてその擬宝珠は、大阪へ俵につめて送られました。」（「白山擬宝珠と中村さん」辻石斎、『中村竹四郎』追悼録）

一茶翁妙品展観の開催に際して

いつからか私は一茶が好きになった。良寛なども人一倍好きであるが、一茶にもきつい親しみを覚えて、その作品に接すると理もなく嬉しくなるのである。

昨年の夏、ふと信州野尻湖に遊んで一茶翁の子孫という小林善八さんに会ってからもまた余計に好きになった。私がここに言うまでもないことであるが、その作句からは手きびしい人生批判が感ぜられて、感興を覚え、また一茶その人に感服させられるのである。

古来からの俳聖と言われる人々は皆独自の風懐をなしていつの世までも仰慕せらるるはもとよりであろうが、中でも一茶には田舎に住む苦労人の伯父さんのような親しさを覚えるのである。そこでつい俗欲を起こしてその作品が欲しくなくなるのも人情であろう。

また、どういう訳だか知らぬが、市場の価値は比較的に低く私らでも購い得るので時折は手に入れて、多少は今も愛蔵している次第である。今夏さきの小林君の同縁で、信州長野市の犀北館主人近山氏を知り、氏の愛蔵にかかる一茶の作品数々を見せて貰い、たまらなくなって、つい不遠慮に譲り受けたいがなどと言ってしまったのだ。

近山さんは茶寮で展《の》べて貰えるなら、自分も幸せだ。一茶は地下で微苦笑しておるか知らぬが、なんとかご相談しましょうということになり、茶寮としては誠に稀有の小展観を開くことになったのであります。

実は私ひとりでそっと手に入れたいなどと好からぬ考えをしたこともありますが、近山さんにも色々ご都合もあって、同好の人々と共に楽しみて頒つことになりました。

老松やまたあらためていく霞　一茶

私は決して近山さんから一点でも潜かに手に入れたことはなく、ここに公明に発表し、もし何かの都合で思うように同好の士に行き渡らなかった時には私が引き受けるつもりでいるのです。この所懐を述べて展観開催の因由を明らかに致した次第であります。

尚本物は人々の手に渡ったとしても、この画冊で想い起こして楽しもうと存じておる次第です。

註　記念図録を別に作ることになっています。この小文はそのためにかかれたもので、かくは記したのであります。

『星岡』昭和十四年十一月号（百八号）所載

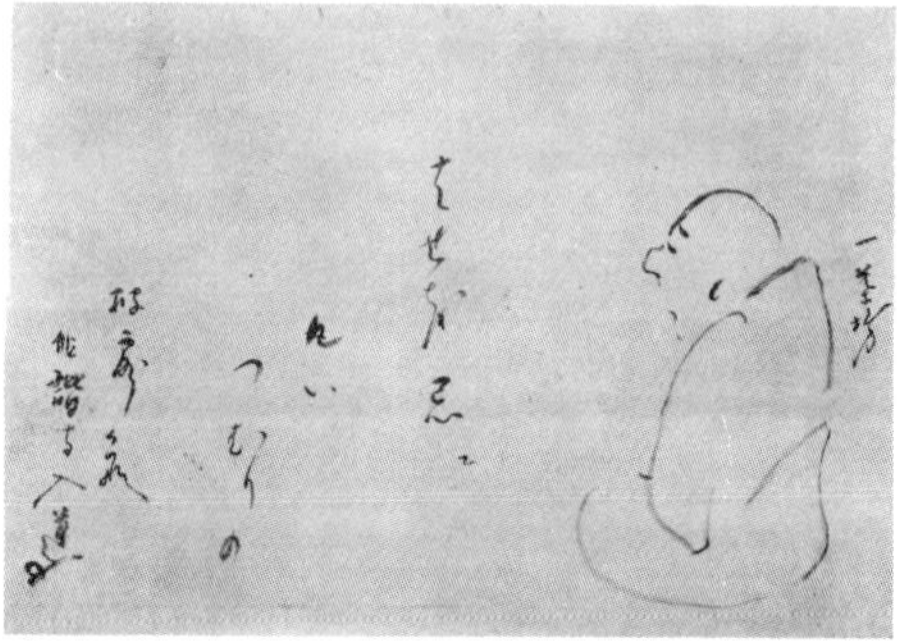

はせを忌に丸いつむりの披露かな　一茶

1
「一茶翁墨蹟小展覧会」と題して、同月十八日、十九日に東京星岡で開催された。「野尻湖の鰻〜」（『星岡』九十五号）、「星岡のおそば」（同九十六号）にも登場した一茶五代の後孫小林善八氏とのご縁で、長野の旧家で老舗旅館「犀北館」（現 長野ホテル犀北館）主人・近山與五郎翁が蒐集愛蔵した一茶コレクションの約半数二十数点を茶寮で展観・頒布する運びとなった。本展は盛会で、茶寮での数点購入を含め全作頒布しつくしたようである。記念図録も当日頒布された。

鶴と孔雀の味

お正月のご祝儀に鶴の吸物を出す習慣があるが、あの鶴は朝鮮あたりの鍋鶴を塩漬として、送られてくるもので、喰ってうまいというものではない。わずかに蒔絵のお椀に添えられた、鶴の羽の風情を利かしているに過ぎない。茶寮ではスープ仕立として、これに昆布出汁を合わせて、なんとなしに美味い汁を作っておるが、実の処右のような訳で肉は美味くはないのが本当だ。そんなら本物の鶴を料理したら、どのような味があるかというと、これは素的に美味いのである。大分昔のことであるが、先代の二条公爵が本当の鶴の吸物が喰べてみたいという発願から、有志をつのって、生きた本物の鶴を料理することになったが、生きた鶴はそう容易に手に入るものではない。

◇

そこであちこち心当たりを尋ねて、結局観賞用の鶴に白羽の矢をたて野鳥屋を探したら、あったあった丹頂鶴の、鶏なら若鶏という処、都合のよいことには足に傷があって観賞にはきずものと言うのでそれを買い取った。たしか百二十円とか言うのを八十円に値切ったことを記憶する。

鶴は千年の寿ありというものをむざむざ、殺生をするのは少し不憫でもあり、心に咎めたが、まあ喰い意地の張っている運中ばかりだから我むしゃらに料理してしまった。そしてその胴ガラからスープを取って昆布出汁を割り塩加減にして肉片二、三交えたお吸物ができた。さあその時の味は今も忘れることはできない。なんとも形容のできない品位ある風味と香りもあり、適当な脂肪もあって、お椀の蓋を取ると、きらきらと少し油滴が光ってまず目を喜ばし、香りは鼻を楽しませ、舌には好奇の神経が鋭敏に働いて一椀を平げてほっと歎声を発せざるを得なかったものだ。

◇

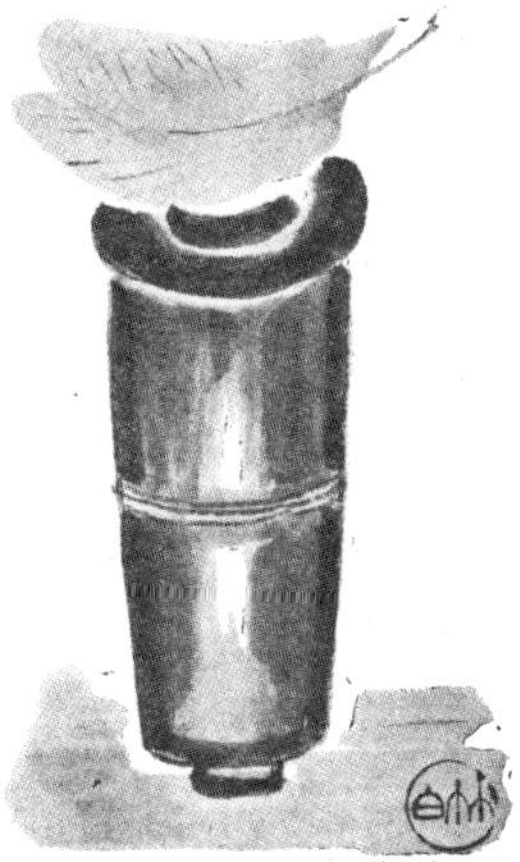

鶴のお碗　竹白筆

結局鶴も生のものならば美味いという結論になるが、それ以来いかに食道楽と言っても鶴の殺生だけはご免だと、やったことはない。発案の二条公も短命であられたりして、さらに神経を悩ましたものだ。

◇

大阪の茶寮の玄関に孔雀を一番《つがい》飼育して

いるが、これは河合卯之助氏が丹精して育て上げられたものを贈られたのである。ちょうど一昨年の十二月のことで、満一ヶ年無事に茶寮の玄関番をしてくれたのであるが、河合さんはこの孔雀の以前にも孔雀の孫子三代くらい十数羽を育てられた経験家で、したがってこれまで、その玉子や肉を喰べたとは聞いていた。しかし外観の奇麗なものは味はよくないものとの先入観から、あまり喰ってみたいとは思っていなかった。

◇

去年の夏頃その孔雀が産卵をしたので、これは孵化させたいと、わざわざ抱き鶏を求め鶏舎も作ったのであったが、初めてのことで失敗して終わった。しかしついに玉子を喰う機会が来たのでとうとう喰ってみた。鶏の玉子よりはよほど大きい。とにかく煮ヌキとして真二つに割って銀盆に盛ってみた。孔雀の玉子の白味は、やや半透明で黄味はまったく黄金色で、とても美麗なものだ。鶏卵の白味は僕らは不味いものとしているが、孔雀卵の白味は素的な魅力がある。黄味にいたってはほかに類例を知らない深さのある味である。これは珍しいという感覚から来るのではなく、まったく物質が美味いのだ。今後大いに孔雀の増殖を計り、孔雀卵を珍味として茶寮で使用してみたいとひしひし考えさせられるものだ。

さて次にいよいよ孔雀肉に話をすすめねばならぬ。天下に食道楽や美食家も数多いであろうが、孔雀肉を喰ったと言う人は少ないであろう。東北は山形市に菊地さん（1）という、野鳥や、名犬の飼育に長じた人がある。孔雀は数十羽も増殖を計り、雉子は百数十羽、犬は洋犬和犬数十頭を飼育している特異の存在たる人だ。菊地さんはほかにまだ日本刀剣の蒐集家でもある関係から、斯道の権威者本間さんとも昵懇であるのだ。何からか話の芽が生長して菊地さんが愛飼の孔雀一羽を茶寮のために献じられ、本間さんら有志十名が試食しようということになった。菊地さんは小さな箱に生かしてきた孔雀を持ち込まれた。見ると三才位の雄鳥で、季節のせいで羽はあまり生長していない。いわば孔雀として一番汚ない時節であるので調理するのも幾分気が楽であった。

◇

孔雀は元来熱帯のものであるが、よく寒気にも堪える。動物学的のことは知らぬが、要するに鶏と同系とのことだ。調理と言っても、鶏をほどく心得があれば誰でもできるようだ。ただ鶏よりは遙かに大きいため三日位前にしめた方がよいらしい。だき身も大きい、股もとても見事である。肉色は淡紅色でカジキ鮪のようだ。当日の献立は以下のようなものである。

献立

一、小菜一盆（諸国珍味）

タウジー（台湾）ウンチヤニー（琉球）待兼味噌（播州）

鮎白子（富山）網塩辛（岡山）ほか品々

一、孔雀股肉小椀 スープ仕立　松露　セロリー
一、孔雀だき身作身　添かじき鮪
一、孔雀雑肉串焼　添白皮ぐち鯛
一、身くじら、東坡豆腐　焚《たき》合
一、孔 雀 鍋　蔬菜添
一、狸 そ ば　白山麓狸肉　柏原蕎麦
一、灘新酒粕汁　野猪入
一、ご飯香物　食後果物鉢盛
　昭和己卯極月初三晩餐

孔雀のお相伴に折よく来合わせた、狸や、猪や、くじらを加えて賑やかに宛然《えんぜん》鳥獣料理豪華版になってしまった。

◇

孔雀肉の胴から採ったスープ仕立の汁は、かつて味わった鶴にも似ているが、その香気は孔雀卵の卵白を喰う時に感じるものであるのも不思議であった。肉はたしかに魅力のある美味さである。ちょっと言語では表現できないが、たしかに鶏肉よりは勝るものたるを保証したい。

味に調子の高いものがある。たとえば鶏肉の上等が応挙の絵ならば、孔雀の肉は蕪村だとでも言いたい処である。

これも盛んに飼育増殖を計り、天下の食通のために紹介したいものだなどとの野心の起こるのを禁じ得ないのである。

◇

最後に笹身というのを作り身として生食した味は、まるでやわらか餅のようで、もちもちとした味覚、これは一座のすべてが異口同音に感歎した珍味であった。

時節柄こんなお話もお正月だとて許して戴きたい。また味覚を審議探求するのも我らのひとつの仕事であるからである。

『星岡』昭和十五年一月号(百十号)所載

1 菊池さん：菊池傳治氏。「本間さん」とは、菊池氏と同郷の友人でもあった当時文部省宗教局国宝調査室国宝調査嘱託で、古刀研究の権威であり、本間美術館初代館長、日本美術刀剣保存協会会長などを務めた本間順治氏。菊池氏について本誌では「この人は不思議な方でお商売は保険業だが刀剣が大好き、軍用犬飼育の権威、雉の繁殖などでも県の方の指導者格らしく、それに孔雀の飼育も大好き、我が家を孔雀荘と呼んでいるくらいである。」(「小文録」『星岡』百十号)と紹介されている。

根津青山翁を悼む

青山根津嘉一郎翁溘焉《こうえん》として逝く。嗚呼悲しいかな。

翁が相当の高齢であるということは、誰しも理性においては認めていったことである。しかし同時にそうした人達も、翁の持つ老境というものを知らぬ気な健康と、壮者をも凌ぐ明敏な頭悩力の偉大な存在に幻惑されて、理性的な判断を忘れ、翁を永生不老の存在のごとく感じていたのも事実であろう。翁は日頃「儂は百三歳まで生きる」後には○をひとつ加えて「百三十歳まで生きる信念がある」と近親者に語っていたと伝えられているのからみても、ご自身でも長寿を確信しておられたようである。まったく、今日こうして卒然と逝去されようとは、自他ともに夢想だもしなかったことだ。それが、歳末、歳始と人々が愴惶《そうこう》としている間、わずか数日を病んで、忽然一月四日の黎明も待たで幽明を異にせられてしまった。

これこそ誠に光輝ある皇紀二千六百年初頭の損失であったといわねばならぬ。

◇

昨秋、約三ヶ月の時日に亘って、翁が、世界一周の旅に出られたことはすでに周知の事実である。経済使節として南米各国に大きな足跡を残され、我国との間にも、経済上種々有益な問題の端緒をつけられた。この旅行を最初から危ぶんだ人もあったようである。しかし道中何の恙《つつが》もなく、再び横浜埠頭の甲板の欄干に、元気な顔を現された時は、皆々歓呼してしまった。私も船室にお迎えのお祝辞を申し述べると力強い握手をかえされたのだが、それらも今や思い出となった。

「何と言っても世界一周の旅が祟《たた》ったのですなあ」「あれがこたえたのでしょう」と弔問の人々は囁いておられた。若い者でも旅には疲れるものである。しかも翁はすでに老齢であったのだ。こうしたことを考えてくると、彼の世界一周は真に命懸けの使節であった。翁の訃報は南米諸国にも伝えられていよう。この際翁の使命を無意義ならしめないように、彼我両国の当事者は深く考えねばならぬことであると思う。

◇

翁との間に、なんら事業的な関連を持たない私は、したがって、翁の事業上の各般については知る所がない。けれども、翁がそのいわゆる根津財閥の中枢として、あらゆる大小の事業群を、あだかも天体中の恒星が、無数の遊星を連行するごとく、翁一人を中心として燦然とした光彩を宇内《うだい》に放っておった事実は、他財閥に見得ざる驚異として、仰景尊崇する処であった。

◇

私が個人として翁を知った最初は、今からもう三十年もの昔のことになる。故渋沢男爵を団長とする渡米実業団に翁が参加された時のことで、当時翁は四十九歳と承っていた。その頃から年齢よりかも遥かに若く見える方であった。その後になって、大磯の別荘に招かれて写真を撮影したことがあった。

この写真については、翁の記憶とともに忘れられない思い出があるというのは、このことがあってからおよそ二十数年を過ぎたある時のこと談偶々当時のことに及ぶと、「その写真もたしかある筈だよ」と、わざわざ蔵から出して、まがう方もない、その一葉を示されたことである。これには実に驚かされた。翁の博覧強記はさることながら、物を保存愛護せらるるということ、まったく讃嘆無きを得ない。これあって初めて古美術愛好の根津さんの真髄が窺われるのではないかと思った。

◇

翁が古美術愛好の長者であることはあまりにも有名なことだ。「根津さん」といえば、古美術の代名詞になるくらいのものだが、半面、常人の想像だも及ばぬような大事業生活に身を托しながら、半面、こうした古美術愛護と茶道の風流三昧に綽々《しゃくしゃく》たる余裕を示されておったということも翁のひとつの驚異である。

五十年間に渉り翁が蒐集された古美術は、洋の東西を問わず、その部門の広範なる、到底筆舌に尽しがたいものがある。

「明治三十五、六年頃だよ。化の白河の硯箱を買ったのは。何しろその頃は、会社と言っても百万円の資本金だったら大きい方だよ。それが一万六千円の硯箱と言うのだから世間は驚いたものだ。新聞は号外を出したよ」

「仁清の清水の壺がたしか二万円で買ったが、今じゃ三十万円もするかな…」

「名物茶入だけで二十幾つかあるよ」などと、時々話されたことがあったが、翁一代のこういう談話をまとめたら、明治大正経済史と併行する骨董史が生まれたであろう。是非聞いておきたいと思ったが、今はその望みも断たれた。

ただ、この蒐集品を全部写真にして『青山荘清賞』として、一大図録の刊行が、翁と親交のあった先代山中商会社長によって計画せられ、その調製は便利堂が担当しておったのである。しかし写真は前後五年もかかって全部撮影を終わり、まさに第一冊を支那画篇として、東山御物であった徽宗皇帝や、牧谿の名品数々を収めたものが完成に近く、世界一周の旅から帰朝されるまでにできせしめたかったのであるが、解説執筆の都合などから遅延しておったのを、翁から督促を受けたのであった。それが旧臘中旬のことであった。思えばこの時お会いしたのがこの世における最後のものとなってしまった。その時は今日のことあるなどとは夢にも思われない元気な容貌をしておられた。

告別式当日築地本願寺を埋めた会葬者群

霊前に進む会葬者の列

◇

翁は歳暮には吉例の茶会を催されるが、旧冬も連会され、このため大変疲労されたと伝え聞いている。翁の茶事についての逸話も数多くあることであろう。そして翁逝くといえども、茶事の続く限り、その逸話もまた永く伝えられるであろう。益田鈍翁、原三溪両翁今や空しく、あだかも寂光の彼岸から、この二翁に招かれるもののごとく翁の卒去をみたことは、一面の見方からすれば奇しき因縁ともみられるであろう。

◇

日本一の大好きな翁。世界に影を投じた財界の巨人、その気宇の宏大なる、もし戦国時代にあらしめば天下を統一したであろう翁。吾人はこれにもう十年の寿を与えたかった。すでに高野山にも墓所を設けてあったし、曠茫武蔵野の朝霞の地に一大伽監を建立し鎌倉の大仏より巨きい大仏の鋳造中であったのだ。根津美術館も建ったであろうし図録も完成したことであろう。おそらくあと十年あったら、翁自身の一生は立派に完成されたに相違ない。天乎命乎、かえすがえすも残念至極である。

翁の逝去こそ誠に大いなる無常と言うべきで、これは、世人をも激しく衝撃したものと思われる。告別式当日、築地本願寺の門前の街頭を埋めつくした会葬者、その四列縦隊の蜿蜒《えんえん》たる長蛇の列の一端に私も加わったのであるが、歩を起こしてより焼香場に達するまでに、四十分を要したと言えば、そのいかに多数者であったかは察せられようし、この俗に言えば大衆的とも言うべき翁の声望をまのあたりに示したるごとき光景は、あの時の会葬者が胸中に皆ひとしく感じた、涙の中の一大喜悦ではなかったかと思う。

翁よ、正に野人として日本一の告別式であった。

終わりに謹而《つつしんで》哀悼の意を表して筆を擱《お》く。（一月八日告別式の夜記）

『星岡』昭和十五年二月号（百十一号）所載

謹弔徳川家達公

謡曲熊野の一節に「末世一代教主の加来も生死の掟をばのがれ給わず」とありますが、いま徳川家達公の突然の薨去に際しまして、特にその感を深くするのであります。

公は申すまでもなく門地、権勢、一世に優れ給い、騒然たる徳川末葉に生まれ給い、明治、大正、昭和と日本変遷期間によく、多くの功績を積み重ねられまして、その病革《あらた》まるや、畏《おそれおお》くも皇室より、大勲位を贈られ給いしも誠に宜なる次第と一入感激を覚ゆる処であります。

由来、尊きお方々や、偉人、傑士のごとき大人物に接しておりますと、あたかも老ゆることを忘れられし方のように、いつもお元気に感ぜられ、かくのごとき御身にも彼の悲しむべき死があろうとは、想いいたらないのでありまして、少々のご病恙も、「なにすぐご癒になる」という風に考えられているのも誠に不思議な感情と申すよりほかないでありましょう。

公と私とは、元より天地雲泥の差ある身分ではありましたが、今を去る三十余年前、武田信玄の由りある甲府城から御嶽のご探勝の折にフトお供いたしましたご因縁にて、爾来何かと知遇を賜わっておりましたのでございます。公は身分低きものをも少しも差別を設けられず、一ておりましたように、また平素から公平無私を信条としておられましたようで、これは永年に渉る、議長のご職掌柄から特に公平を主張とせられておりましたのも万人の認むる処でございましょう。また非常にお気軽くために限りなき御上つ方々とのご交際は申すまでもございませんが、私のごときものでも御旅の先からご通信を賜わったこともしばしばでございました。

関東大震災の時の当時、私の居住にお使いを下されましたが焼失したこととてその後初めてお便りを差上げました処が、ご懇切なお見舞いを賜わりましたのもつい記憶に新しいことでございます。そして当時閉鎖されてありました、星岡茶寮を再興いたしますことにつきましても直ちにご賛成を賜わり、再興第一の会員としてご署名賜わりましたことは、これは星岡茶寮の歴史からも大切なことでありますが、私個人といたしまして、このご署名によりまして、後の会員諸彦を続々として、ご入会を得る力となられまして、幸いに今日

の隆昌を見ましたのでその点、大恩人と申すよりほかないのであります。

　されば再興後の山王茶寮へもしばしばあらゆるご会合を催され給いしは申すまでもなく、また大阪茶寮開設準備万端整い、明日より開業という前日に、ご公務のご下阪の旅宿よりご来駕を賜わりましたのも、不思議なご因縁と申すよりほかございません。

　永年知遇を賜わりまして故公に深く感じましたことは、我々ごときものに対してもお約束の固きこと、一度お言葉の上でお話のことは必ず実行せられましたこと、またご面会賜わる折などの時間の正確なこと、ただ々恐縮する次第でございますが、同時にこれらを実地教育として私なども人様との約束を固く守ることなど教えられましたことも多いのでございます。

　本誌にもかつて時々思い出のお話をお伺い載せさせて頂いたこともございました。引きつづいて種々お話を伺うことになっておりましたが、何分ご多忙で、そのうちに海外へご旅行のことになり、そのまま今日にいたりましたことは誠に残念に堪えない次第でございます。

　懐《おも》い出しましても悲しいことは昨年六月二十一日、彼の赤十字社万国大会にロンドンへご出発に際し、その朝お認めのご書面を頂戴いたし、また大勢のお見送りの末席から遙かにご平安を祈っておりましたのに、それらがすべて最後となってしまいましたことでございます。着米二、三日前船中からご発病であったこと、その後ロッキー山脈中の高処で列車中でだんだんご気分勝れさせられず、数日ご静養の後についにご病体のままお引返しご帰朝になり、種々お手当あらせられ漸次ご回復、お食事なども充分あらせられましたことと伺っておりまして、この分ならば近くお外出も遊ばされることと期待いたしておりましたが、やはりご老体にあらせられたためか突然のご薨去で、なんとも申し上げようもない次第になってしまいました。

寛永寺にお焼香をいたしまして、徳川時代のありし日の栄華のことなどを想い、目まぐるしき世の遷《うつ》り変わりなど万感胸に迫り来たりここに拙き一文を草して謹《つつし》みて公の霊に捧げんといたします次第でございます。

六月十一日記

ここに掲げました写真は大阪星岡茶寮にて素謡会御催しの際写しましたものでございます。

『星岡』昭和十五年七月号(百十六号)所載

解題

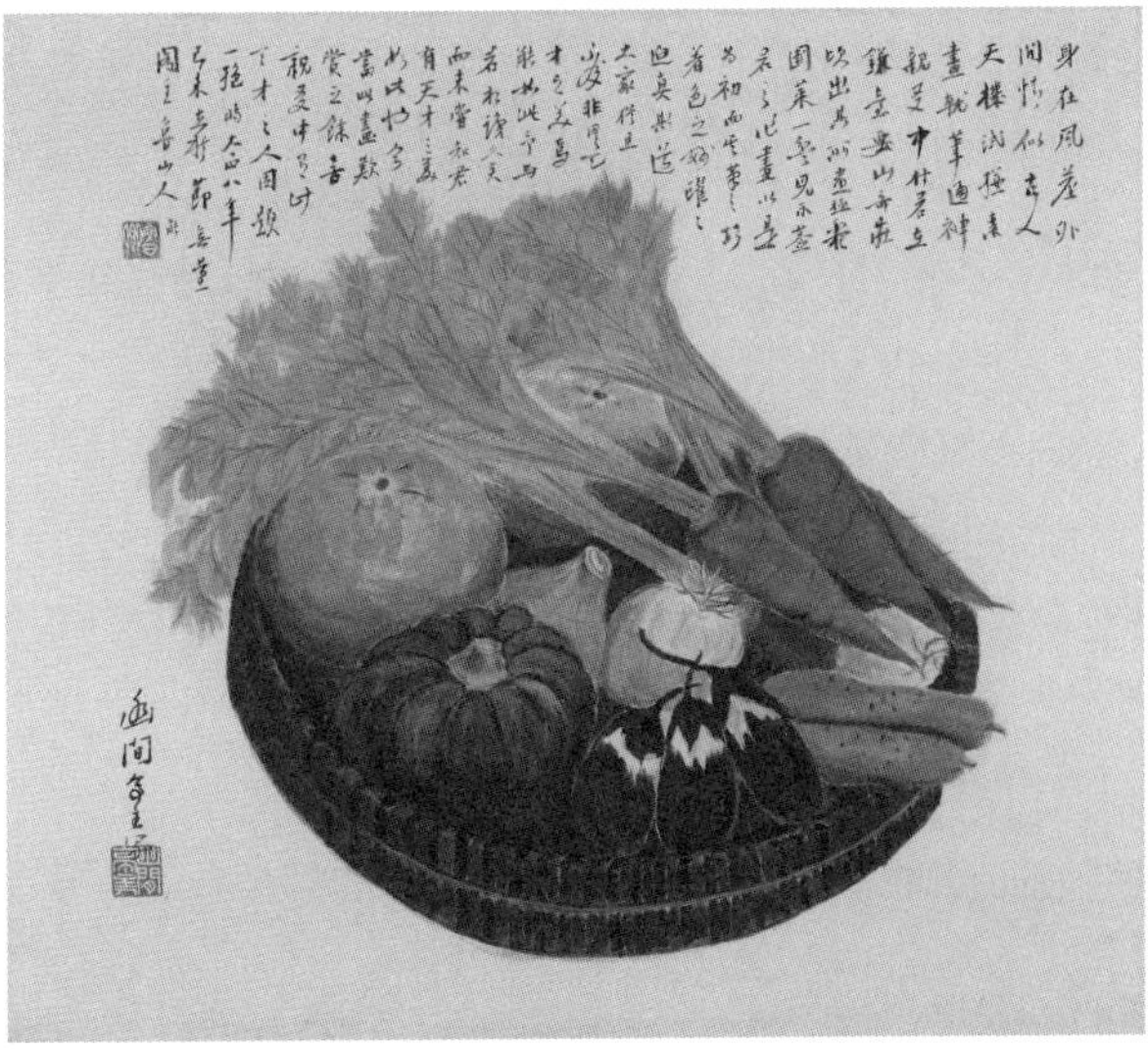

野菜図　竹白筆　魯山人賛（大正八年）

『星岡』の歩みと竹四郎の星岡茶寮

一、創刊〜二十一号：タブロイド時代

雑誌『星岡』は、昭和五年十月に第一号が創刊された。昭和三年四月に第三種郵便の認可を受けているので、星岡が開寮した大正十四年から間もなく、こうした会員向け機関誌の構想が準備されていたことが想像される。

とはいえ、最初から明確な編集方針があるわけではないことは、創刊号のあいさつ文で魯山人自ら告白しているところであるが、その文章の冒頭で「茶道の精神、書画道、骨董雑談、陶磁を鑑る事作る事、大分うるさく感じられるだろうが、つまり芸術、風流が語りたいには違いないのだ。まだその上に食道楽の一課目を加えようという次第である」と、その刊行の趣旨を述べている。

創刊号より、「黄色い新聞型」(5)と表現された並の用紙を使ったタブロイド判の体裁を取っていたが、その後(おそらく第五号から)用紙をグレードアップし「アートペーパー」を使い、写真図録を自由に、そして鮮明に掲載(6)できるようにした。発行所は星岡茶寮(四号から星岡窯研究所)、編輯兼発行人は茶人で陶磁器研究家である粟田常太郎、(7)印刷所は竹四郎の経営する大参社印刷所(8)で行っていた。

さっそく第一号から、風雅、食道楽の記事に交じり、その名も「独断録」と題した歯に衣着せぬ魯山人の批評連載が始まる。三号(十二月)には有名な柳宗悦への批判記事「柳宗悦氏の民芸論をひ

やかすの記」が連載される。宗悦を「初歩悦君」（初歩の悦び）と呼ぶなど、敵を作ることを意に介さぬ魯山人節が誌上で全開となっていく。こうした批評・批判記事も含め、魯山人の記事が『星岡』の過半数を占めることも少なくなかった。

一方、昭和五年も押し詰まった創刊後間もない十二月二十三日、竹四郎の懸命な枇杷療法[9]も空しく兄伝三郎が病没、便利堂四代目を竹四郎が引き継ぐことになった。これにより、竹四郎が「東海道線は私のうちの廊下」[10]と呼んだ東京と京都を往復する多忙な日々が始まる。まだ当時は東京に便利堂の出張所はなく、ほどなくして星岡茶寮の一室が東京常駐社員の出張所としてあてがわれ、のちに竹四郎の私室が出張所がわりとなり、上京社員がここで便利堂の仕事をしたり、便利堂社員が『星岡』の編集を手伝ったりすることもあったようである。私室には幕末の儒学者、梅田雲浜《うんぴん》の書による「来者不拒去者不追」の額が掲げられ、つねづね竹四郎は「これが僕の信条」だと語っていたという。[11]

このタブロイド時代に、竹四郎は伝三郎との闘病記「兄の胃癌に当面したる私の経験（癌と枇杷療法の事）」を三回にわたり寄稿した（十二号、十三号、十五号。本書では割愛）。

二、二十二号～六十九号：冊子への仕様変更～魯山人の退寮

創刊からちょうど丸二年の昭和七年の九月、本格的に編集に参画した秦秀雄[12]の提言で、二十二号

より冊子の形体に体裁を一新し、編輯兼発行人は当時星岡窯研究所員（創立以来の窯場主任）であった荒川豊蔵[13]名義（二十七号まで）となる。

次号の二十三号からは、昭和二年に便利堂が開設した原色版[14]印刷部によるカラー口絵が掲載された。当時カラー印刷は、現在とは比較にならないくらい貴重であり高価なものであった。「本誌の原色版一枚分の実費が本誌代にしかあたらない」[15]といった有様であったが、原色版の評判はすこぶるよかったようである。同様にこの号からモノクロ図版の口絵もコロタイプで印刷されるようになった。発行部数は、この二十三号時点で二千部、二十七号では三千部となった。[16]

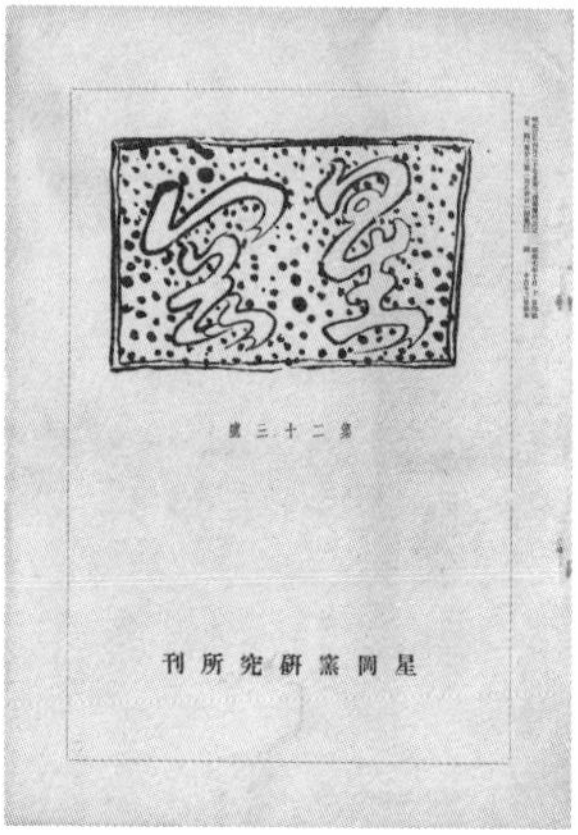

『星岡』二十三号

二十八号からは、荒川豊蔵の独立に伴い、秦秀雄が編輯兼発行人となり、昭和十二年七月の八十号まで編輯主幹を務める。このちょうど一年前の昭和十一年七月の六十九号が魯山人の関わった最後の号となった。この月、竹四郎が魯山人に解雇状を出し、彼が星岡茶寮を去ったからである。

故人（編註：竹四郎）と魯山人との間が不和になったのは昭和九年末頃からであったと思う。元来琴瑟《きんしつ》ただならぬ関係の両者がこのようになったのは、外部にも内部にも魯山人を唆《そそのか》した人があったためと思われるふしがある。一つ屋根の下に居て口も利かず、故人が大阪茶寮から上京すれば魯山人が西下して、東海道線のどこかでスレちがうというような陰険な状態が半年位はつづいたことと思う。その頃、魯山人が私に或る種の慫慂《しょうよう》をしたことがあったが、私がそれに応じなかったので、数ヶ月後、魯山人は私に当分店に出なくてもよい、と言いわたした。

私の馘首《かくしゅ》には、故人も流石《さすが》に腹に据えかね、とうとう魯山人との訣別を決意せざるを得なくなった。私に対する魯山人の処置には全従業員が憤慨し、故人の味方をしたので、このようなことで、故人と魯山人との二十数年に及ぶ親交もついに破れ、生前ついに再び手を握る機会がなかった。(17)

ここに、当事者として魯山人の解雇に至った経緯を記した星岡茶寮の帳場主任、田中源三郎の文章を引いた。(18)田中源三郎は、便利堂創業者で竹四郎の次兄であった中村弥二郎の妻の兄である。弥二郎が便利堂を長兄弥左衛門に譲り単身上京、知人宅(19)に寄食した際に町内に住んでいたのが源三郎であった。二人の交際がはじまり、のちに源三郎の妹、きぬが弥二郎に縁付くことになった。上京後まもなく、弥二郎は出版社「有楽社」を興したが、源三郎はその創立メンバー三人のうちのひとりである。番頭的な立場であったと思われ、有楽社の出版物の奥付はすべて源三郎名義となっている。創業ほどなく、竹四郎も少年写真記者として有楽社に参加する。(20)

有楽社は、先見性のある個性的な出版物で瞬く間に一世を風靡するが、そのあまりにも進歩的な独自性がたたり、明治四十五年に倒産。社員は竹四郎はじめ一旦散り散りとなったが、星岡を開寮するにあたり、信頼して帳場を預けられる人物として、竹四郎は源三郎を迎え入れたのであろう。

兄の親友であり、元同僚であり、親戚でもある源三郎は、竹四郎にとってこれ以上ない存在であったに違いない。どのような唆《そその》かしを魯山人が源三郎に行ったか、今となっては知る由もないが、なにか不穏なものを感じざるを得ない。怒った姿を誰にも見せたことがない(21)という、温厚で知られた竹四郎であったが、魯山人によるこの人事の口出しには堪忍袋の緒が切れたのも腑に落ちる。(22)竹四郎と魯山人の関係については、またあらためて詳しく述べる機会を設けたいと思う。

源三郎の証言によると、二人の不仲が始まった時期は昭和九年末とされるが、その時に出た『星岡』五十号(同年十二月)に竹四郎が寄せたのが「私の闘病術」である。文中の「神経を起こす」というのは、気に病むという意味であるが、この時期、魯山人との関係悪化で多大なストレスを竹四郎が抱えていたと想像すると、この随筆もまた違った読み方ができそうで面白い。

そしてこの不仲の中で推進された大事業が、大阪星岡茶寮の開寮であった。「大阪茶寮開設に就いての所感」によると、この話が持ち上がったのが昭和九年の六月、当初の開寮予定が昭和十年の四月というから、この多忙を極めた時期になんらかのすれ違いを起こす要因があったのかもしれない。開設のために必要な多大な資金面もその一因であった可能性があるだろう。

『星岡』四十七号(昭和九年十月)と五十三号(昭和十年三月)は、いずれも「臨時増刊号で「北大路家蒐蔵古陶磁図録」と題している。『星岡』全百三十号の中で臨時増刊はこの二冊だけであるが、これは東京松坂屋(九月二十六・二十七日、二十九・三十日)と大阪松坂屋(二月十六・十七・十九日～二十一日)で開催された魯山人収集古陶磁の頒布展に際して制作された豪華売立目録を、二回に分けてダイジェストに再編集したものである（三月六・七日に名古屋松坂屋でも開催）。魯山人は、その数四千点とも言われる古陶磁を鎌倉の山崎にある星岡窯にコレクションしており、陶磁参考館と呼ばれる施設でその一部を展示公開していた。この貴重なコレクションを手放す理由として、四十七号冒頭の自序「所蔵陶磁器を公売するの弁」の中で陶器を書籍に例え、「万点の茶陶は万巻の書」となって自分を育ててくれたが、ついに「第一期卒業という所に達し得た」ということで、「ひとまず公売し、読了を未読に換え」るためだと巧みに述べている。しかし、その時期から考えて、大阪星岡の費用捻出のためであることは明らかである。

『星岡』四十七号

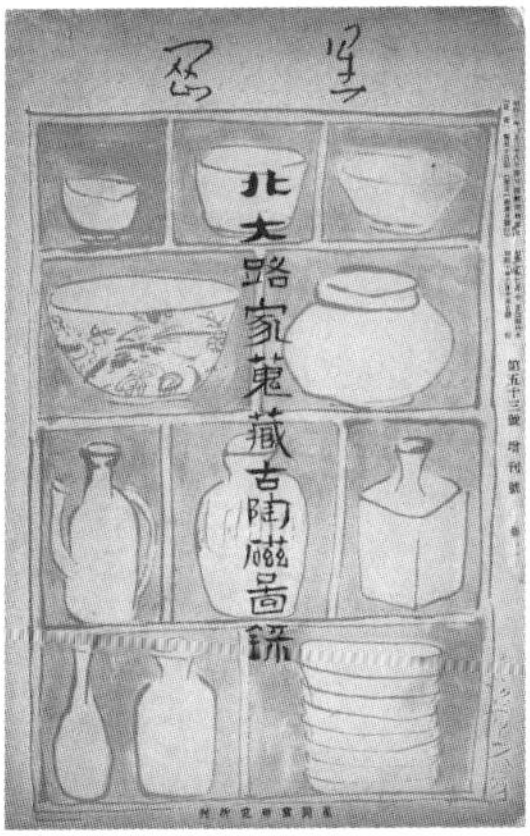
『星岡』五十三号

半年ほど口も利かなかったというから、昭和十年の上半期あたりがそれに相当し、ちょうど売立の後半戦と、予定より遅れている開寮準備に追われていた頃である。こうした複雑でデリケートな時期に、「大阪茶寮開設に就いての所感」六十一号（十月）、「美食倶楽部以前」六十三号（十二月）が執筆されたかと思うと興味深い。

六十三号までの発行部数は従来同様三千部、(23)六十四号からは大阪星岡の会員増とその広報によるためか四千部に増刷されている。(24)そしてこの六十四号以降、魯山人が関わった最後の号である六十九号(七月)まで、竹四郎の寄稿はない。

三、七十号〜終刊百三十号：『星岡』の再出発と突然の廃刊

魯山人の解雇は突然の出来事であったため、すでに入稿していた魯山人の原稿の差し替えや再編集で八月号は休刊となり、九月号として七十号が出された。発行所は便利堂出張所(東京銀座)に変更、口絵には原色版の神護寺「山水屏風」とともに、コロタイプによる「法隆寺金堂壁画」が掲載された。従来は魯山人収集の古陶磁が多かったカラー図版が、これ以後古美術の名品紹介にシフトしていく。必然、執筆陣も美術研究家が多くなり、より正統派の美術雑誌の趣が強くなっていった。魯山人時代の六十九号までで、竹四郎が寄稿したのは十四篇(うち十一篇を本書に収録)(25)。七十号からの一年間は、魯山人の穴を埋めるかのように毎号寄稿し、以後百三十号までに三十二篇、通算で計四十六篇を『星岡』に寄せた。

魯山人が去った後も編輯主幹の名義は秦秀雄であったが、すでに約半年前の六十六号(三月)から編集実務から離れており、(26)解雇騒動の中心を担った責任や、もともとあった独立の意向も含んでであろう、節目ということか、騒動からちょうど一年後の昭和十二年七月の八十号をもって、秦も星

岡を辞した。(27)

秦の後任として編輯主幹に就いたのが林柾木(28)であった。林は雑誌「栄養の日本」の記者(29)で、魯山人に取材したことが縁で『星岡』にも五十六号(昭和十年五月)より「魯山人は語る」「魯山人談叢」といった連載などを寄稿していた。林はのちに作家として芥川賞候補にもなった。

あらたな体制で再出発した『星岡』に、竹四郎は鮎や蕎麦、果物など星岡茶寮がこだわる食材から、中国をはじめとする旅のエピソードまで、幅広いテーマで多くの随筆を寄せている。

昭和十四年三月には、ついに百号を迎える。前号の九十九号には「記念号は特に六千部印刷してあらゆる関係方面に配布(30)」という記載が見える。百号を記念して倍サイズの大型豪華版という企画があったが、準備不足で実現には至らなかった。(31)

昭和十五年も半ばから、号を追うごとに頁数が少なくなり、明らかに紙質も悪くなっていく。百十六号(七月)では、いよいよ物資不足による用紙の手配が付かず発行遅延のお詫び文が出る。(32)この時点ですでに四十五頁となっており、六十頁を超える号もあったことを考えるとややボリュームダウンであるが、四か月後の百二十号では二十五頁にまで半減し、かなり薄さを感じる。昭和十六年の一月号である百二十二号からは、判型が一回り小さくなり、さらに貧弱な姿となった。「先日も竹白氏と一昨年あたりの本誌と比べてみて大いに慨嘆してしまった。写真から紙から、何も彼も比較にならない。今のとならべてみれば、ただ悲観するだけである。こんな雑誌が出ていたのが嘘のような気がすると竹白氏もいう通り。全くこれは本当である」(33)と林は嘆息している。

竹四郎が最後に寄稿したのは、こうした物資不足が顕著になり始めた百十六号に掲載された徳川家達の追悼文であった。竹四郎は、有楽社の写真雑誌『グラヒック』の写真記者として活動中、政財界などの斯界の著名人に多数知遇を得たが、ことに当時貴族院議長であった家達からは、その人柄と才能を認められ信任がすこぶる厚かった。星岡茶寮の立ち上げの際、その再興費用を会員制の拠出で募集したが、家達が特に筆頭となって奉加帳に署名賛成されたことで、以後の募金は順調に完了したという。(34) 星岡開寮の大きな後ろ盾であった公の追悼文が、奇しくも『星岡』廃刊(ひいては茶寮の戦禍落日)を予兆するかのように竹四郎の最後の寄稿文となったことは、因縁めいたものを感じる。

終刊となる百三十号(九月)は、意外や本編自体は特に変わりなく通常通りの内容で、これで最終となる様子は微塵も見えない。この辺りの事情は、最終頁に差し込まれた「星岡廃刊の辞」で明らかになる。次に一部を掲載する。

統制ということは吾々には最早新しい言葉ではなく、また、これが吾々の雑誌界にも行われていることは皆様もすでに御承知のことと思います。小誌「星岡」も、ついにこの統制体の中に融溶して行かねばならぬことと相成りました。本月四日、すでに編輯万端を終わり、九月号の発刊を待つばかりのところへ、内務省より伝達があり、ここに、九月号を限りとして廃刊ということになりました。昭和五年十月創刊以来、十有余年の歳月と、号を重ねること百三十

号、その間多少とも美術趣味界に貢献するところありと自負し、ひとかどの伝統築きあげたつもりです。（後略）

昭和十六年九月　　　　　　　　　　星岡編輯部一同

拝啓　臨戦態勢のもといよいよ御多端の事と奉拝察候　さて昭和五年十月以来発刊いたしをり候星岡誌も、時運の命数ここに尽き申し候て、仏者のいわゆる生者必滅の鉄則に従い、廃刊滅誌いたし候事に相成候段何卒不悪御諒怒願上候

会員諸卿へは只今確定的には予告はいたしかね候へ共、機至らば、星岡趣旨による単行出版を試み、御贈呈いたし候事も可有之かと存じをり候

右甚だ簡単に有之候へ共、意を万般にこめて会員諸卿、愛読者諸兄、誌上広告主諸氏に対し、永く賜りたる御厚誼を深謝し、各位の御繁栄を祈り御挨拶申上候次第に候　拝具

昭和十六年九月　　　　　　　　　　星岡茶寮一同

編輯部あいさつは林、茶寮のあいさつは竹四郎であろう。仏教を引用するところなどを見てもいかにもと思わせる。ここで予告された「星岡趣旨による単行出版」は、一年後『星岡　趣味雑談叢書第一　南の話』（昭和十七年八月）として無事実現された。

『南の話』は、大東亜戦争の影響で当時の人々が興味を持ちはじめていた南洋の生活文化を紹介しようというものである。見方によっては、大東亜共栄圏の名のもとに、戦時下で当局の目をかい

くぐり、かつ文化的発信の意義を両立させるしたたかな企画とも言える。旧知の河合卯之助[35]が取り持ち役となって、氏の義兄であり、二十五歳で家を飛び出して以来三十四年間南洋で暮らしてきたという若林文次郎を中心に、貿易技師や外務省の嘱託技術者など南洋に詳しい人を交えて開催した座談会をまとめたものである。後半には、河合による爪哇《ジャワ》更紗を論じた一文も併記されている。しかし戦況ますます苛烈を極める中で、残念ながら叢書第二号が刊行されることはなかった。

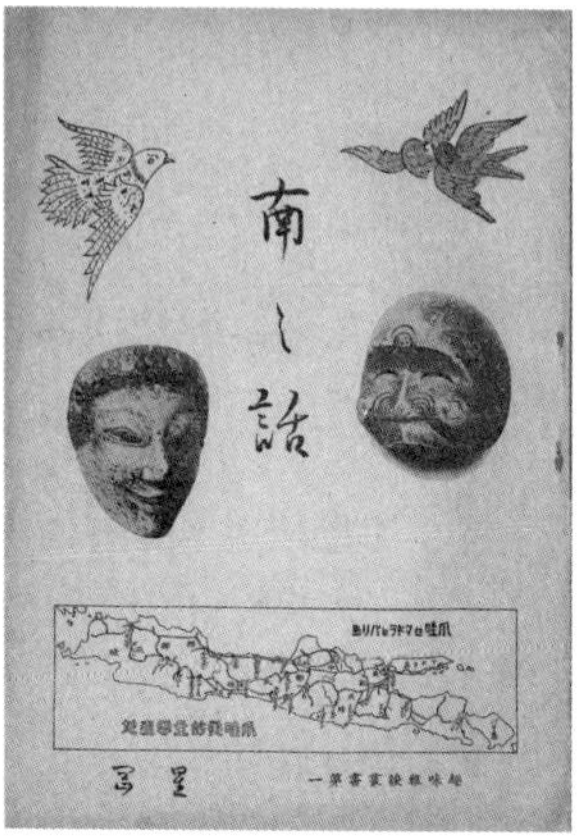
『南の話』

四、おわりに

とはいえ、東亜の情勢は日増しに険悪となり、ついに第二次世界大戦という、いまわしい悲運に遭遇し、さしもの茶寮もその運営は、ただごとではなかった。戦争もいよいよたけなわの頃、星岡茶寮を借り上げたいという申し出が海軍省と日本製鉄株式会社の両方からあった。殊に日鉄の方はいまの総理大臣である池田勇人さんの肝煎りもあって、買い上げてもよいとの強い申し入れであった。買上金額も六十万位だったと記憶している。こうなれば茶寮は解体のほかはなく、終始料理報国を一念としておられた中村さんの信条は崩れてしまうことになる。

ご存じのとおり、当時の世相として多くの同業者は戦況熾烈のさ中、いち早く店舗を売り渡して田舎に疎開する方が沢山ありました。恐らく茶寮の中村さんも容易に処分するであろうという見方から、こうした買上借上の申し出もあったものと思われます。

あれだけ交遊の広かった中村さんだけに、当時の戦況、見通しといったものについてもかなりの判断材料もお持ち合わせだったと思われるし、必ずしも戦勝を確信されていたとは限りませんが、故人は「茶寮は会員皆さまの為にも茶寮の衿にかけても身売りだけは絶対にしたくない」といった利害得失を無視した強い信念のもとに、われわれと起居を共にされ、一向に弱気といったものが見えず、沢山の郎党を力づけながら最後まで山王山に頑張っておられました。火の中も辞せずといった泰然自若とした悟りに似たものが、山王の籠城を支えていたのであろう。

長い引用となったが、戦中戦後の竹四郎を間近で見ていた元星岡茶寮の料理人で、のちに銀茶寮を経営した高田武の証言である。[36] 茶寮と命運をともにしようとした竹四郎の強い覚悟が伝わってくる。「しかし、戦局は深まり、東京は連日の爆撃下に置かれた。ついに昭和二十年五月二十五日夜半、星岡茶寮は、うっそうたる全山の緑までも焼き尽くした火の波の中で全焼した。すでに銀座では銀茶寮が焼け、二十日後には、大阪曽根の星岡も一個編隊のB29の集中的に落とした焼夷弾のために不運にも焼失した。[37]」

◇

先に触れたように一部を除いて、竹四郎が『星岡』寄せた随筆の類はすべて本書に収録した。ただ、この範疇に入らない文章が二、三あるので、ここに列記しておく。

「魯山人　画会の趣旨と規定」二十号（昭和七年六月）

「魯山人小品画集第二刊成るに際して」三十一号（昭和八年六月）

「一人一話」三十二号（昭和八年七月）

最後に挙げた一本は、「一人一話」と題して、星岡近辺の著名人から小耳にはさんだ他愛ない小話を列挙していく連載のひとつである。短文なのでここで紹介するとしよう。

　徳利の酒が残り少なになったのを振ってみたり、ことに残った酒をほかの徳利につぎかえるのなんて、ぼくは嫌いです。下品であんな不愉快な振る舞いってないもんです。それが相当の人でもやってるから、存外そういう下卑たことに世間は平気と見えますな。

冒頭のあいさつ文でも紹介した「さしみ論」もそうであるが、本書の編輯作業でこの文章に突き当たって、三十年前の記憶がよみがえった。筆者が入社したその頃、よく先輩から言い聞かされたことのひとつに、「美術印刷として難しいのは、カラー図版ではなく、実はモノクロ図版である。モノクロはごまかしがきかない。モノクロ図版を美しく刷れてこそ一流の技術であり、一流のカラー印刷が可能となる」というのがある。まさに「さしみ論」である。そして夜の部でしつけられたもうひとつが、この「徳利のあつかい」である。これらの源流が竹四郎さんにあるとは、考えてもみなかった。生前の竹四郎さんに会うことはできなかったが、意外なところで知らない間に竹四郎イズムがしみ込んでいるものだなと、不思議な気持ちになった。

鈴木　巧
（便利堂九代目）

註：

1『中村竹四郎』追悼録　中村桃太郎（便利堂内「中村竹四郎」刊行会、一九六二）（以下、追悼録）

2「編輯餘録」二十二号。二十四号にも「われわれは徒に器物の珍貴を誇り、風流百般、茶道、花道の知識を宣伝したりしようとするものではありません。要はつつしみ深い人間の教養の為に、とめいめい覚悟した同志が風流を語らうというのです」と繰り返し強調されている。

3 同右

4「さしみ論」望月信成、追悼録

5「編者の便り」『星岡』二十四号

6 同右

7 粟田常太郎（一八七八～一九五三）。天青、有声、宜月庵と号する。

8 本文「美食倶楽部以前」の註1を参照。

9 本文「枇杷療法」ならびに註を参照。

10「竹白山人あれこれ」井川定慶、追悼録

11「来者不拒去者不追」藪田嘉一郎、追悼録

12 本文「からみ大根」の註3を参照。

13 荒川豊蔵（あらかわ とよぞう、一八九四～一九八五）。陶芸家。昭和二年、三十三歳の時に星岡窯を手伝うために京都の東山窯から鎌倉に転じる。

14 本文「原色版の話」の註1を参照。

15「編輯後記」『星岡』二十七号

16 同右

17 二人の古くからの友人であり、大雅堂時代に世話になった野田峰吉の葬儀には肩を並べて参列したという。本文「美食倶楽部以前」の註3参照。

18「中村竹四郎氏を偲ぶ」田中源三郎、追悼録

19 竹馬の友であった西陣の織物商、河井長蔵。日本橋橘町にあった長蔵の織物店に寄食した（同右、源三郎の記載による）。

20 本文「美食倶楽部以前」の註1を参照。

21 「魯山人はよく料理人や女中を大声で叱りつける方であった。中村さんはおこったことがない。人をとがめたことを知らぬ。」（「中村さんと七年」秦秀雄、追悼録）

22 「しかしその頃の魯山人の生活は浪費はし放題、人泣かせが余りにも多い毎日でしたが主人は何も言わず、私がそばで口惜しがるほどによく尽くしておりました。しかしあまりにも積もる横暴のことにとうとう主人も堪忍袋の緒を切り一切魯山人とは手を切ってしまいました。そして山崎の窯場と住居を渡し、一切残した借財の整理まで主人は黙ってして別れました。その時の主人の態度に私は打たれました。最後まで我慢をし、どんなことをされても怒らなかった主人が一度心を決めたら誰が仲裁を頼みに来ようが一切応じなかった姿に、私も今までのくやしさが飛び去る思いでした。」（「主人を偲びて」中村泰子、追悼録）

23 「饒聞録」『星岡』六十三号

24 「饒聞録」『星岡』六十四号

25 タブロイド時代に寄稿した三篇「兄の胃癌に当面したる私の経験（癌と枇杷療法の事）（一）～（三）」（十二号、十三号、十五号）は、かなりの長文であり、また同様の主旨で書かれた「枇杷療法」を収録したため、今回は割愛した。

26 「秦秀雄氏は今回茶寮を勇退して（略）一月堂と名乗って骨董商を開くことになった。」（「饒聞録」『星岡』六十六号）
「上京中の内貴清兵衛翁を柊屋旅館に訪ねる。ちょうど居合わしたのが、本誌の前編輯者の秦秀雄氏。」（「古美術を語る」内貴清兵衛『星岡』六十九号）

27 「こんな温和でよく私のことを認めてくれた人の手許を私は昭和十二年四十歳の時辞することになった。」「中村さんと七年」秦秀雄、追悼録）

28 林柾木（はやし まさき、一九〇〇～四八）。早稲田大学仏文科卒。雑誌『太陽』の編集を経て、早稲田文学同人として創作を発表。「昔の人」が昭和十九年上期の第十九回芥川賞候補者となる。

29 「饒聞録」『星岡』五十六号

30 「小文録」『星岡』九十九号

31 「小文録」『星岡』百号

32 「小文録」『星岡』百十六号

33「小文録」『星岡』百三十号
34「父と事業」中村桃太郎、追悼録
35 河合卯之助（かわい うのすけ、一八八九～一九六九）。陶芸家。「私自身中村便利堂を知った古い記憶は、中村有楽（編註：弥二郎）が漫画家の北沢楽天氏を連れ、私の生家に来て皿や壺、徳利、盃などに沢山落書きをされた時の光景を彷彿と思い出す。（略）曽根に茶寮を開設して、大阪星岡が発足した時分から、私は竹白さんと急速に昵懇の度を増し、趣味面、特に陶器に関しても、技外の活眼を開いてもらった気がする。」（「追想・五部心観」河合卯之助、追悼録）
「また便利堂を株式会社にするについて株式名義人のことでいささか奔走もしたし、私が中村さんに紹介した河合卯之助陶匠が重役に名を連ねて中村さんの晩年までよき相談相手になって頂いたのも私としては心うれしい思い出である。」（「竹白山人あれこれ」井川定慶、追悼録）
36「外柔内剛の心魂」高田武、追悼録
37「父と事業」中村桃太郎、追悼録

参考文献：

1『中村竹四郎』追悼録　中村桃太郎（便利堂内「中村竹四郎」刊行会、一九六二）
2「魯山人おじさん」八幡真佐子（野田峰吉の娘）（『芸術新潮』十一月号、新潮社、一九七九）
3『祖父駒蔵と「メイゾン鴻之巣」』奥田万里（かまくら春秋社、二〇〇八）
4『北大路魯山人の星岡【普及版】』全四巻（東洋書院、二〇〇九）
5「朝霞大仏物語　幻の朝霞大仏と大梵鐘の建立経過」鈴木勝司編（二〇一一、http://wwr3.ucom.ne.jp/sirakigi/asakapln.html）
6『奥田駒蔵とメイゾン鴻乃巣』展図録（城陽市歴史民俗資料館、二〇一八）

［初出一覧］

からみ大根＊	二十五号（昭和七年十二月号）
枇杷療法＊	二十六号（昭和八年一月号）
ふぐの味＊	二十七号（昭和八年二月号）
原色版の話	二十九号（昭和八年四月号）
我観富士登山＊	三十四号（昭和八年九月号）
水三題＊	三十五号（昭和八年十月号）
美と醜＊	三十七号（昭和八年十二月号）
大雅の酔筆＊	三十九号（昭和九年二月号）
大阪茶寮の所感＊	五十号（昭和九年十二月号）
私の闘病術＊	六十一号（昭和十年十月号）
美食倶楽部以前	六十三号（昭和十年十二月号）
往還漫言＊	七十一号（昭和十一年十月号）
大悲閣のおもいで＊	七十二号（昭和十一年十一月号）
山中定次郎翁を憶う	七十三号（昭和十一年十二月号）
四十年前の正月	七十四号（昭和十二年一月号）
料理いろは	七十四号（昭和十二年一月号）
冬の果物	七十五号（昭和十二年二月号）
ある日の考えごと	七十六号（昭和十二年三月号）
筍掘り	七十七号（昭和十二年四月号）
琵琶湖周遊と醒ヶ井の養鱒	七十八号（昭和十二年五月号）
松島の一日半	八十号（昭和十二年七月号）
鮎の味を語る	八十一号（昭和十二年八月号）
食味雑記	八十二号（昭和十二年九月号）
このごろの二つのおもいで	八十三号（昭和十二年十月号）
加谷軍治君の戦死を悼む	八十四号（昭和十二年十一月号）
北支の旅　前編	八十六号（昭和十三年一月号）

後編　八十七号（昭和十三年二月号）
食味閑談　八十七号（昭和十三年二月号）
武田五一先生を憶う　八十八号（昭和十三年三月号）
味のないような味　八十九号（昭和十三年四月号）
根津青山翁発願建立の朝霞大仏　九十一号（昭和十三年六月号）
鮎の源を和知の奥に探る　九十三号（昭和十三年八月号）
野尻湖の鰻と法隆寺の桃　九十五号（昭和十三年十月号）
星岡のおそば　九十六号（昭和十三年十一月号）
温雅な作品　九十六号（昭和十三年十一月号）
赤いルビーのようなマスカットのできる話　九十七号（昭和十三年十二月号）
炉辺漫談　九十九号（昭和十四年二月号）
昔茶寮にあった道具　百号（昭和十四年三月号）
民さんの茄子　百三号（昭和十四年六月号）
擬宝珠と柿霜餅　百四号（昭和十四年七月号）
一茶翁妙品展観の開催に際して　百八号（昭和十四年十一月号）
鶴と孔雀の味　百十号（昭和十五年一月号）
根津青山翁を悼む　百十一号（昭和十五年二月号）
謹弔徳川家達公　百十六号（昭和十五年七月号）

※タブロイド時代に寄稿した三篇「兄の胃癌に当面したる私の経験（癌と枇杷療法の事）（一）～（三）」（十二号、十三号、十五号）は、かなりの長文であり、また同様の主旨で書かれた「枇杷療法」を収録したため、今回は割愛した。
※一覧のうち、＊を付した十一篇は初版『星岡随筆』に収録されている。

新　編
星岡随筆

令和二年十二月七日印刷
令和二年十二月十日発行

定価二千円税別

著　者　中村竹四郎
発行者　鈴　木　巧
発行所　株式会社 便　利　堂
〒六〇四-〇〇九三
京都市中京区新町通竹屋町南
電話　〇七五-二三一-四三五一（代表）
www.benrido.co.jp

〒九五九-一八三五　新潟県五泉市今泉九四七-一
印刷・製本　株式会社 吉田印刷所

ISBN 978-4-89273-112-9